DIE KUNST DER DISZIPLIN

WIE SIE ERFOLGREICH IHRE SELBSTDISZIPLIN UND MOTIVATION STEIGERN UND LANGFRISTIG GEWOHNHEITEN ÄNDERN

Peter Kuhn

Bibliografische Information der Deutschen Nationalbibliothek.

Die Deutsche Nationalbibliothek verzeichnet diese Publikation in der Deutschen Nationalbibliografie; detaillierte bibliografische Daten sind im Internet über http://dnb.dnb.de abrufbar.

Für Fragen und Anregungen:
info@eulogiaverlag.de

ISBN Print: 978-3-96967-174-0
ISBN E-Book: 978-3-96967-175-7

Originale Erstausgabe 2021

Eulogia Verlags GmbH
Gänsemarkt 43
20354 Hamburg

Lektorat: Ramon Thorwirth
Satz und Layout: Tomasz Dębowski
Umschlaggestaltung: Aleksandar Petrović

DIE KUNST DER DISZIPLIN

WIE SIE ERFOLGREICH IHRE SELBSTDISZIPLIN UND MOTIVATION STEIGERN UND LANGFRISTIG GEWOHNHEITEN ÄNDERN

EULOGIA VERLAG

Inhaltsverzeichnis

1. Vorwort

Das Wort klingt nicht nach Spaß und schönen Stunden, es wirkt für viele Menschen vielleicht sogar altmodisch und angestaubt. Dabei ist Selbstdisziplin ein höchst moderner Begriff, oder besser sogar: zeitlos. Selbstdisziplin war und ist zu allen Zeiten brandaktuell und für jeden interessant – auch für Sie. Gerade für Sie! Aber das wissen Sie natürlich selbst, denn sonst hätten Sie sich ja dieses Buch nicht gekauft. (Was eine wirklich gute Idee war, aber das nur nebenbei.)

Selbstdisziplin ist keine Spielerei, Selbstdisziplin ist ein Schlüssel. Genau genommen ist Selbstdisziplin sogar *der* Schlüssel! Selbstdisziplin bedeutet mehr Erfolg und mehr Lebensqualität. Selbstdisziplin sorgt dafür, dass Sie aus Ihrem Leben alles herausholen. Selbstdisziplin bewahrt Sie davor, vom Weg abzukommen. Selbstdisziplin bewahrt Sie vor einer vorzeitigen Aufgabe. Selbstdisziplin sorgt dafür, dass Sie Ihr Ziel nie aus den Augen verlieren. Bringen Sie zu Ende, was Sie begonnen haben. Ziehen Sie eine Sache durch! All das erfordert Selbstdisziplin.

Selbstdisziplin hat nichts mit militärischem Drill oder Schulstress zu tun. Oder gar mit freudloser Selbstkasteiung. Selbstdisziplin kann sogar eine Menge Spaß machen, wenn Sie den Ball erst einmal ins Laufen gebracht haben und Ihre ersten Erfolge erleben. Denn Erfolg macht süchtig, und wenn Sie erst einmal auf den Geschmack gekommen sind, dann wollen Sie auch sicher mehr davon.

Wie Sie diesen Erfolg definieren, das bleibt Ihnen überlassen. Erfolg kann manchmal materiell messbar sein, aber keineswegs immer. Es gibt viele verschiedene Arten von Erfolg. Sie selbst geben die Ziele aus – und um diese zu erreichen, benötigen Sie Selbstdisziplin. Selbstdisziplin ist nichts, was Ihnen von außen aufgezwungen werden kann – Selbstdisziplin ist etwas, für das Sie sich aus freien Stücken entscheiden, weil Sie ganz konkrete, von Ihnen selbst definierte Ziele, erreichen möchten.

Den ersten und wichtigsten Schritt zu mehr Selbstdisziplin haben Sie schon gemacht: Sie haben dieses Buch gekauft. Ob Sie es glauben oder nicht: Damit haben Sie den Schlüssel schon in der Hand und die Weichen gestellt für eine langfristige und folgenreiche Veränderung Ihres Lebens – natürlich zum Positiven! Selbstdisziplin hilft Ihnen dabei, neue Motivation für Ihren Alltag zu finden. Denn Disziplin ohne Motivation ist kaum denkbar – und Motivation ohne Disziplin verläuft schnell im Sand.

Apropos laufen: Das wird kein Selbstläufer. Aber es ist auch keine unlösbare Herausforderung, vor der Sie sich fürchten müssten. Tatsächlich ist es gar nicht so schwer, wenn Sie erst einmal eine gewisse Routine besitzen. Und wie Sie sich diese Routine aneignen, das will Ihnen dieses kleine Buch vermitteln. Wenn Sie es gründlich durcharbeiten und die enthaltenen Ratschläge und Tipps für sich umsetzen – dann wird die Selbstdisziplin irgendwann doch zum Selbstläufer.

2. Grundlagen der Selbstdisziplin

Selbstdisziplin fällt nicht vom Himmel. Sie ist keine Naturbegabung, kein Gottesgeschenk, kein Zufall. Selbstdisziplin kann und muss man lernen. Und das lohnt sich! Damit Sie imstande sind, sich die wichtige und lebenserleichternde Selbstdisziplin anzueignen, müssen Sie zunächst die Grundlagen kennen. Was ist Selbstdisziplin, woher kommt sie und warum ist sie so wichtig? Mit allen diesen Fragen (und noch einigen mehr) wollen wir uns in diesem Kapitel beschäftigen.

2.1. Was ist Selbstdisziplin und ist sie wirklich so wichtig?

Wir haben kräftig auf den Putz gehauen, die Werbetrommel gerührt und die Selbstdisziplin gepriesen. Aber was genau ist Selbstdisziplin denn nun eigentlich genau? Und ist sie wirklich so wichtig, wie wir behaupten? Manchmal ist es gar nicht so einfach, ein ständig gehörtes Schlagwort mit einer gültigen Definition zu versehen.

Zunächst einmal müssen wir eine wichtige Klarstellung vornehmen: Selbstdisziplin ist grundsätzlich keine Charaktereigenschaft und kein Talent. Sie sind nicht auf eine Naturbegabung angewiesen und können sich auch nicht damit herausreden, dass Ihnen Selbstdisziplin eben nicht in die Wiege gelegt worden ist. Selbstdisziplin ist eine Fähigkeit, die im Prinzip jeder erlernen kann – jeder, der das wirklich will. Aber was für eine Fähigkeit?

Selbstdisziplin hat mit der Überwindung von Widerständen zu tun – Widerständen im Inneren und im Äußeren. Wenn wir davon sprechen, den berüchtigten »inneren Schweinehund« zu überwinden, dann meint das nichts anderes, als dass wir Selbstdisziplin an den Tag legen sollen.

Sie haben bestimmt schon einmal gesehen, wie ein Hundehalter sein Tier an der Leine führt oder wie ein Reiter sein Pferd zügelt. Im Prinzip ist Selbstdisziplin genau das: sich selbst an die Leine zu nehmen und zu zügeln. Das ist eine äußerst nützliche Fähigkeit, denn sie bewahrt davor, vom Weg abzukommen und Zeit und Energie zu vergeuden.

Selbstdisziplin ist Durchsetzungsvermögen gegen die eigenen Schwächen. Denn machen Sie sich darüber keine Illusionen: Die meisten Menschen sind von Natur aus eher bequem und gehen unnötigen Mühen und Schwierigkeiten lieber aus dem Weg. Unsere unbewussten Impulse wählen so gut wie immer die einfache Option. Wir neigen dazu, den Bedürfnissen des Augenblicks nachzugeben, ohne dabei perspektivisch zu denken. Mit Hilfe der Selbstdisziplin gelingt es uns, die langfristigen Folgen im Blick zu behalten und zu berücksichtigen.

Die erfolgreichen Menschen, die wir bewundern und die uns voraus sind, haben es fertiggebracht, ihren Hang zur Bequemlichkeit zu überwinden und auch gegen größte Widerstände ihren Weg bis zu ihrem Ziel fortzusetzen. Sie haben damit Selbstdisziplin bewiesen.

Ohne diese Selbstdisziplin wären wohl die meisten erfolgreichen Menschen, von denen wir in Zeitungen und Geschichtsbüchern (und im Internet) lesen können, gescheitert. Praktisch jeder einzelne Mensch, ob Mann oder Frau, der es zu herausragenden Leistungen und Erfolgen in irgendeiner beliebigen Sache gebracht hat, besaß ein gewisses Maß an Selbstdisziplin, das ihn zu dieser Leistung, zu diesem Erfolg befähigte. Selbstdisziplin ist die Tugend der Sieger.

Nehmen Sie einen Goldmedaillengewinner bei den Olympischen Spielen. Ein solcher Triumph wird nicht erreicht, indem man abends gemütlich auf der Couch sitzt und Chips in sich hineinstopft. Ein solcher

Erfolg ist an viel hartes Training gebunden. Dafür müssen die unmittelbaren Bedürfnisse oft und bewusst hintenangestellt werden. Das fällt oft gar nicht so leicht und kostet eine Menge Kraft und Energie – und vor allem Willen. Selbstdisziplin hat sehr viel mit Willen zu tun.

Selbstdisziplin bedeutet deshalb in vielen Fällen, ganz bewusst den Neigungen des Augenblicks nicht nachzugeben. Sie verzichten auf eine kleine, nahe Belohnung (das Sitzen auf der Couch, die leckeren Chips), um auf längere Sicht eine weiter entfernte Belohnung (die Goldmedaille) zu erreichen. Und fragen Sie ruhig mal nach bei den Männern und Frauen, die es auf das olympische Treppchen geschafft haben, ob die Medaille die Mühe wert war: Sie werden eine eindeutige Antwort erhalten.

Keine Sorge, es muss nicht gleich eine Goldmedaille sein. Schon ein bisschen mehr körperliche Fitness oder eine Gewichtsreduktion können als Motivation ausreichen, um die Belohnung des Augenblicks (das Fast Food, die Süßigkeiten) zugunsten einer größeren Belohnung (das bessere Körpergefühl) in den Hintergrund zu drängen. Ihre Ziele definieren Sie selbst, unabhängig von den Ansichten anderer Menschen. Selbstdisziplin ist die Fähigkeit, alles zu tun, was nötig ist, um diese Ziele zu erreichen.

Und ganz egal, wie diese Ziele aussehen mögen – es ist immer ein unglaublicher Augenblick, wenn der Zeitpunkt gekommen ist, an dem Sie genau dieses Ziel erreicht haben. Darum geht es bei der Selbstdisziplin und in diesem Buch: Wir wollen unsere Ziele erreichen. Je mehr Ziele Sie erreichen, desto leichter fällt es Ihnen, das nächste Ziel ins Auge zu fassen. Es stellt sich ein Flow an, der Selbstdisziplin nicht mehr als Last, sondern als Schub wahrnimmt.

Was ist Selbstdisziplin nicht?

Selbstdisziplin wird häufig missbraucht und hat auch daher ihren zum Teil schlechten Ruf. Wir müssen deshalb noch einmal kurz darauf hinweisen, worum es in diesem Buch auf gar keinen Fall geht und was Selbstdisziplin eben nicht darstellen soll: Selbstdisziplin ist kein Doping. Selbstdisziplin soll nicht dazu dienen, Ihre körperlichen Grenzen auf ungesunde Weise zu überschreiten. Sie sollen sich nicht quälen und nicht überfordern.

Selbstdisziplin soll Ihnen dabei helfen, das Maximum aus Ihren Fähigkeiten herauszuholen – auf eine vernünftige, seriöse und unproblematische Weise. Das heißt nicht immer zu jeder Zeit schmerzfrei, denn manchmal muss man sich einfach zusammenreißen und sich auch einmal ein bisschen fordern. Aber auf keinen Fall geht es darum, Raubbau an Ihren Ressourcen zu betreiben. Es geht nicht darum, Ihren Körper auszutricksen.

Für den kurzen, vorübergehenden Augenblick bedeutet dieser Akt der Selbstdisziplin möglicherweise Schmerz und Entbehrung. Aber dieses Empfinden wird sehr schnell umgewandelt in ein Gefühl des Triumphes. Außerdem steigert es kontinuierlich Ihr Selbstbewusstsein. Ja, Sie können Ihrem Selbstbewusstsein regelrecht beim Wachsen zusehen! Deshalb braucht auch niemand vor der Selbstdisziplin Angst zu haben. Die Frage ist nur: Woher bekommen wir die Selbstdisziplin?

2.2. Woher kommt die eigene Selbstdisziplin?

Wir haben bereits festgehalten, dass Selbstdisziplin nicht einfach vom Himmel fällt, dass sie keine bloße Begabung ist. Das hat Vor- und Nachteile: Einerseits ist es schade, dass die Selbstdisziplin nicht einfach so da ist und von Ihnen genutzt werden kann. Andererseits ist es aber doch sehr tröstlich, dass Selbstdisziplin von jedem Menschen gelernt werden kann. Niemand ist davon ausgeschlossen! Auch Sie nicht! Gerade Sie nicht, denn Ihre Chancen, Selbstdisziplin zu lernen, sind gerade ziemlich gestiegen – schließlich haben Sie dieses Buch gekauft.

Gut, geben wir es zu: So ganz stimmt das nicht, dass die Selbstdisziplin nicht vom Himmel fällt. Es gibt da schon diese klitzekleine Sache mit der Vererbung. Natürlich bringen Sie als Mensch auch immer gewisse Veranlagungen mit. Manche dieser Veranlagungen sind der Selbstdisziplin eher förderlich, und manche eher hinderlich. Letzteres trifft wohl häufiger zu.

Es gibt Menschen, die sich für das Erreichen bestimmter Ziele weniger anstrengen müssen als andere. Diese glücklichen Menschen benötigen dann auch meist etwas weniger Selbstdisziplin. Kennen Sie zum Beispiel diese furchtbaren Typen, die essen können, was sie wollen, ohne dass sie dabei zunehmen? Gemein, oder? Solche Leute schaffen es ganz ohne Selbstdisziplin, ihre Figur zu halten. Aber das heißt nicht, dass sie die Selbstdisziplin nicht in anderen Lebensbereichen benötigen.

Selbstdisziplin ist vor allem eine Willensentscheidung – aber auch ein Prozess! Es sind in der Regel viele kleine Entscheidungen, die Sie jeden Tag treffen müssen, um auf Ihrem Weg voranzukommen. Die Fähigkeit, immer wieder diese Entscheidungen richtig zu treffen, nennt man letztlich Selbstdisziplin. Sie können sich diese Eigenschaft bewusst aneignen, nicht in einem einzigen Augenblick, sondern über einen längeren Zeitraum hinweg.

Am Anfang sind die kleinen Entscheidungen vielleicht schwierig zu treffen und fallen Ihnen nicht immer leicht. Manchmal klappt es auch nicht immer. Aber Selbstdisziplin ist auch die Bereitschaft, Niederlagen einzustecken und trotzdem weiterzugehen. Selbstdisziplin ist zuallererst eine Haltung, und Sie allein entscheiden, ob Sie diese Haltung einnehmen möchten oder nicht.

Haben Sie schon einmal eine alte Eisenbahn gesehen, die noch mit Kohle geheizt wird? Mitunter können solche alten Modelle in Filmen bewundert werden – oder in einem Museum. Jede dieser alten Eisenbahnen hatte nicht nur einen Lokführer, sondern auch einen Heizer. Dieser Heizer hatte eine sehr anstrengende und schweißtreibende Aufgabe: Er musste ständig Kohlen nachlegen, damit der Zug vom Fleck kam. Schaufel um Schaufel musste der Heizer Kohlen ins Feuer werfen, damit aus dem Schornstein der Lok ordentlich Dampf steigen konnte und die Räder sich drehten.

Genau das ist Selbstdisziplin: die Fähigkeit, immer und immer wieder eine Schippe Kohlen nachzulegen, auch wenn die Arme schmerzen, Schweiß über die Stirn rinnt, die Kehle vor Durst brennt und der Körper eigentlich eine Pause braucht. Nicht lockerlassen, nicht einknicken, sondern weitermachen. Immer weiter!

Es versteht sich von selbst, dass ein erfahrener und trainierter Heizer seine Aufgabe weniger anstrengend empfand als ein Neuling im Beruf. Mit der Selbstdisziplin ist es genauso: Wenn Sie sich erst einmal daran gewöhnt haben, die Kohlen zu schippen, dann geht es Ihnen mit jedem Tag leichter von der Hand – und Sie freuen sich über den Zug, der eine gute Strecke vorankommt.

2.3. Wir wollen langfristig glücklich sein!

Wir alle wollen glücklich sein. Am liebsten langfristig. Die Selbstdisziplin ist für dieses Ziel ein wichtiger Schlüssel. Wobei wir ehrlich zu Ihnen sein möchten: Es ist einfacher, einen kleinen Schlüssel zur Hand zu nehmen und in ein Schloss zu stecken, als die eigene Selbstdisziplin zu stärken. Deshalb sollten wir vielleicht eher von einem Weg sprechen. Oder besser: von einer Laufstrecke. Einer Langlaufstrecke. Es geht nicht um einen kurzen Sprint, bei dem Sie möglicherweise völlig außer Atem sind, aber dafür Ihr Ziel schnell erreicht haben. Es geht im Gegenteil um den langen Atem. Um Marathontauglichkeit.

Mit der entsprechenden Selbstdisziplin geraten Sie eben nicht mehr so schnell außer Atem, sondern können möglichst lange laufen – und Ihre Ziele erreichen. Selbstdisziplin hat nichts mit Verbissenheit zu tun, sondern im Gegenteil mit viel Gelassenheit und Souveränität. Und mit Geduld. Das ist nicht Ihre Stärke? Keine Sorge – wir sorgen zusammen dafür, dass sich das bald ändert!

Selbstdisziplin ist oft eine Entscheidung des Augenblicks – aber Ihr Ziel ist auf lange Sicht angelegt. Selbstdisziplin ist kein Selbstläufer, Sie müssen sie ständig neu beweisen und aufbringen. Dafür hat Selbstdisziplin aber einen gewaltigen Vorteil: Sie wirkt sich langfristig aus.

Das kurze und vergängliche Glück des Augenblicks ist oft billig zu haben, bringt uns aber eigentlich nicht weiter. Es ist eher wie ein Feuerwerk: Knallbunt und geräuschvoll, aber schnell wieder vorbei. Wenn Sie zum Jahreswechsel Ihr Konto überziehen, um an Silvester möglichst viele Raketen in die Luft schießen zu können, dann wird die kurze Freude sich bald ins Gegenteil verkehren.

Wenn Sie allerdings vernünftig wirtschaften, Ihr Konto nicht für vergängliche Freuden überziehen und mit Fleiß und Übersicht Ihre Existenz so weit aufbauen und festigen, dass Sie schließlich ein dauerhaft großzügiges Grundeinkommen besitzen – dann können Sie sich langfristig das Feuerwerk leisten, das Sie mögen, ohne sich dabei um die weitere Finanzierung Sorgen zu machen.

Das ist natürlich nur ein Beispiel von vielen. Es soll nur illustrieren, dass Glück langfristig gedacht werden muss, um Bestand zu haben. Und um langfristig glücklich zu sein, um ein Stadium zu erreichen, in dem Sie sich nicht mehr ständig um das Morgen sorgen müssen, brauchen Sie unweigerlich Selbstdisziplin. Selbstdisziplin hilft Ihnen dabei, den Berg zu erklimmen, von dem aus Sie den richtigen Überblick bekommen.

2.4. Ursachen mangelnder Selbstdisziplin

Vielen Menschen mangelt es an Selbstdisziplin. Und vielen Menschen ist dieser Umstand auch durchaus bewusst – aber sie wissen nicht, wie sie daran etwas ändern können. Oft wissen sie nicht einmal, *dass* sie daran etwas ändern können! Aber Sie gehören nicht zu dieser sträflich uninformierten Gruppe, Sie wissen Bescheid: Sie lesen ja genau die richtige Lektüre!

Veranlagung und Erziehung

Woran liegt es denn nun, wenn es bei der Selbstdisziplin hapert? Wir hatten ja schon das leidige Thema der Veranlagung, und natürlich kann sich diese auch negativ auf das Vorhandensein von Selbstdisziplin auswirken. Im ungünstigsten Fall ist sie dann nämlich überhaupt nicht vorhanden. Aber auch die Erziehung spielt eine große Rolle. Kinder, die alles dürfen und früh immer ihren Willen bekommen, brauchen eigentlich keine Selbstdisziplin zu entwickeln, weil ja Papa oder Mama stets alle Missstände sofort ausgleichen. Das ist gut gemeint von Papa und Mama, aber gar nicht so hilfreich.

Ungeduld

Ungeduld ist eine wichtige Ursache für mangelnde Selbstdisziplin. Tatsächlich hängen Geduld und Selbstdisziplin sehr eng miteinander zusammen und bedingen sich gegenseitig. Selbstdisziplin lässt sich ohne Geduld kaum aufbringen, und Geduld ist wiederum ohne ein gewisses Maß an Selbstdisziplin kaum zu beweisen. Wenn Ziele immer gleich und sofort erreicht werden müssen, wenn nichts mehr seine Zeit haben darf, dann führt das unvermeidlich zu einem undisziplinierten Verhalten.

Ablenkung

Nichts untergräbt die Selbstdisziplin schneller und häufiger als eine Ablenkung. Ablenkungen gibt es viele, und sie werden oft erst als solche erkannt, wenn sie ihre Wirkung schon entfaltet haben. Deshalb gehört es auch zu den wichtigsten Strategien beim Erlernen von Selbstdisziplin, die Zahl der Ablenkungen möglichst gering zu halten. Wir werden später in dem Kapitel über das richtige Zeitmanagement noch ausführlich auf das Thema Ablenkung eingehen. Wenn Sie Ihre Zeit nämlich richtig nutzen – das heißt: gut managen – möchten, dann müssen Sie wissen, wie Sie am besten mit Ablenkungen umgehen bzw. diese vermeiden.

Prokrastination – schlechte Angewohnheit oder krankhaftes Verhalten?

In engem Zusammenhang mit der Ablenkung steht die Prokrastination. Vielleicht haben Sie dieses Wort schon einmal gehört, vielleicht auch nicht. In jedem Fall haben Sie die Prokrastination schon einmal geübt. Wahrscheinlich sogar viele Male. Prokrastination ist die Kunst des Hinauszögerns, des Auf-die-lange-Bank-Schiebens. Prokrastination ist also so etwas wie der natürliche Feind der Selbstdisziplin – und leider fällt sie uns viel leichter.

Prokrastination leitet sich ab von dem lateinischen Wort *procastinare,* das so viel wie »vertagen« bedeutet. Das Aufschieben und Vertagen bestimmter, meist unangenehmer Dinge, ist in Europa sozusagen eine Volkskrankheit – und wahrscheinlich auch im Rest der Welt.

Prokrastination muss allerdings nicht immer einfach eine menschliche Schwäche sein. Es kann dieses Verhalten in seltenen Fällen auch Ausdruck einer krankhaften Störung sein – zum Beispiel im Verbund mit einer Depression. In diesem Fall helfen Ihnen keine Tipps und Strategien, sondern nur ein Besuch beim Arzt.

3. Wer bin ich?

Das ist die eine Frage, die sich jeder Mensch früher oder später (besser früher) stellen sollte: Wer bin ich? So mancher erkennt sich möglicherweise nach einer durchzechten Nacht nicht wieder, wenn er sich am nächsten Morgen im Spiegel erblickt, und fragt dann auch: Wer ist das? Aber das ist nicht gemeint. Wir sind hier ja mit Ernst bei der Sache, und es geht ganz einfach um Selbsterkenntnis. Ohne Selbsterkenntnis gibt es nämlich auch keine Selbstdisziplin. So einfach ist das. Oder so schwer?

Keine Sorge: Wir wollen hier keine Esoterik betreiben. Die Kristallkugeln bleiben im Schrank, die Karten auch. Es geht hier ganz nüchtern und prosaisch um eine vernünftige Selbsteinschätzung. Sie sollen sich selbst auf den Prüfstand stellen und anhand der folgenden Kriterien und Aspekte beurteilen – denn so fällt es Ihnen leichter, die passenden Strategien für Ihr Fortkommen auszuwählen.

Die Frage »Wer bin ich?« ist die Frage nach der eigenen Identität. Die eigene Identität aber ist grundlegend für die Entscheidungen, die wir treffen. Je mehr wir uns über unsere eigene Identität im Klaren sind, desto eher treffen wir Entscheidungen, die dieser Identität entsprechen. Wir brauchen eine möglichst klar definierte Vorstellung von uns selbst, von dem Menschen, der zu sein wir glauben. Anders ausgedrückt: Damit Sie sich in der *Selbst*-disziplin üben können, müssen Sie dieses *Selbst* möglichst genau kennen.

Bin ich strukturiert und bedacht oder eher chaotisch und unbedacht?

Menschen verhalten sich im Alltag unterschiedlich. Es gibt die Veranlagung zu einem eher strukturierten Verhalten. Wenn Sie (fast) immer wissen, was als Nächstes zu tun ist, die Dinge gern nach und nach erledigen und in der Regel alles um sich herum in großer Ordnung halten, dann sind Sie ein Typ, der strukturiert und bedacht vorgeht. Sie verspüren selten Hektik, treffen Ihre Entscheidungen in Ruhe und lassen sich nicht treiben.

Viele Menschen kennen ein derartiges Verhalten nur vom Hörensagen, denn bei ihnen sieht der Alltag ganz anders aus. Sie reagieren meistens unter Druck, laufen ihren Termen hinterher, kommen mit dem gesetzten zeitlichen Rahmen nicht zurecht und sind ständig am Reagieren. Auf Ihrem Schreibtisch herrscht meistens gepflegte Unordnung, die Dinge werden hin und her geschoben und Sie müssen häufig improvisieren und ungeplant reagieren.

Sie ahnen es sicher schon: Der strukturierte und bedachte Typ hat es wesentlich einfacher, sich in Selbstdisziplin zu üben. Seine natürliche Veranlagung, sein ganzes Wesen, kommt der Selbstdisziplin entgegen. Er muss sich dafür gar nicht besonders anstrengen und spart viel Zeit und Kraft. Dieser Typ ist meist im Plus.

Der chaotische und unbedachte Typ hingegen ist vielfach im Minus. Er hat Selbstdisziplin oft bitter nötig. Allerdings muss man auch hier berücksichtigen, dass schiere Schwarz-Weiß-Malerei einem Thema selten gerecht wird und dabei meist einige, oft wichtige, Aspekte unter den Tisch fallen. Denn der nicht strukturierte Typ besitzt im Gegenzug einen hohen Grad an Spontanität, die in der Regel auch mit einer gewissen Kreativität einhergeht. Dafür hat der strukturierte Typ häufig unter einem mehr oder minder stark ausgeprägten Perfektionismus zu leiden, der viele Erledigungen unnötig verschleppt.

Spontane, unbedachte Typen können Aufgaben oft recht gut noch in letzter Minute erledigen und besitzen auch ein gewisses Improvisationstalent. Sie stehen häufig unter Zeitdruck, können damit aber auch recht gut umgehen. Strukturierte Typen wollen hingegen gerade diesen Zeitdruck vermeiden und empfinden ihn als extreme Belastung. Unter Zeitdruck verlieren strukturierte Typen häufig ihre Beweglichkeit und Leistungskraft und fühlen sich blockiert.

Chaotische Typen neigen dazu, unliebsame Tätigkeiten gerne aufzuschieben und erst dann zu erledigen, wenn es sich gar nicht mehr vermeiden lässt. Strukturierte Typen sind hingegen darum bemüht, möglichst immer im Plan zu sein und nichts dem Zufall zu überlassen. Der spontane, unbedachte Typ muss hingegen seinen Plan immer wieder umwerfen und auch einmal gemachte Zusagen gegenüber Freunden und Familie brechen, um seine beruflichen Verpflichtungen einhalten zu können. Andererseits ist der spontane Typ oft bereit, kurzfristig aus dem vorgegebenen Rahmen auszubrechen, um mit seinen Freunden etwas zu unternehmen.

Wie steht es mit Ihnen? Können Sie sich eindeutig einem strukturierten oder spontanen Typ zuordnen oder würden Sie sich eher irgendwo auf der Mitte der Messleiste verorten?

Bin ich introvertiert oder extrovertiert?

Die Natur des Menschen kann mitunter höchst unterschiedlich ausfallen. Eine besonders wichtige Entscheidung ist die Grenze zwischen introvertierten und extrovertierten Menschen. Extrovertierte Menschen haben es im Leben in vieler Hinsicht leichter, sie kommen besser mit anderen Menschen zurecht und leichter voran. Aber der Reihe nach: Was bedeutet eigentlich extrovertiert?

Was bedeutet eigentlich extrovertiert bzw. introvertiert?

Ein extrovertierter (oder extravertierter, beide Schreibweisen sind richtig) Mensch ist ein Mensch, dessen Persönlichkeit von der Extraversion geprägt ist. Die Extraversion ist ein Konzept, das auf den berühmten Psychologen Carl Gustav Jung zurückgeht und später von weiteren

Forschern ergänzt und verfeinert wurde. Inzwischen steckt eine über hundertjährige Forschungsgeschichte hinter diesem Begriff, mit dem viele Menschen gar nicht so viel anfangen können.

Extrovertierte Menschen sind gesellig, aktiv, ihrer Umwelt zugewandt. Sie plaudern gern, gehen auf andere Menschen zu, fühlen sich wohl, wenn sie im Mittelpunkt stehen. Man sieht ihnen ihre Offenheit und ihre Lebensfreude an, sie lächeln viel, wirken zugänglich und einnehmend. Sie lächeln viel, was auf andere Menschen immer anziehend wirkt. Ihre positive Wirkung auf ihr Umfeld macht es ihnen in der Regel leicht, ihren Platz zu finden und sich dort zu behaupten. Die Extraversion öffnet viele Türen und macht das Leben in vielen Punkten einfacher. Das gilt zumindest in den westlichen und orientalischen Gesellschaften, während man in Asien mancherorts durchaus auch die Zurückhaltung schätzt.

Das Gegenstück von der Extraversion ist die Introversion. Introvertierte Menschen sind eher zurückhaltend, lassen sich ungern in die Karten schauen und halten ihre Gefühle unter Verschluss. Introvertierte Menschen sind schwer zu fassen, sie sind eher ernst, weniger gesprächig und gegenüber ihrem Umfeld distanziert. Introvertierte Menschen werden deshalb oft als kühl und weniger anziehend wahrgenommen. Sie pflegen weniger Kontakte und sind oft schlechter vernetzt, man sieht sie viel seltener lächeln und sie nehmen auch weit seltener an Gemeinschaftserlebnissen teil.

Ob Sie extrovertiert oder introvertiert sind, hat auch viel mit Ihren Genen zu tun. Die moderne Forschung geht heute davon aus, dass die Gene etwa 50 Prozent Anteil daran haben, ob Sie eher der Extraversion oder der Introversion zuneigen. Daneben spielen auch Umwelteinflüsse eine Rolle. Wenn Sie in einer extrovertierten Umgebung aufwachsen, wird sich das auch auf Ihr Verhalten auswirken. Wenn Sie ein eher introvertiertes Umfeld haben, dann stehen die Chancen gut, dass Sie sich auch mit einem Schwerpunkt in diese Richtung weiterentwickeln.

Es ist aber keinesfalls so, dass die Extraversion alle Vorteile und die Introversion alle Nachteile auf sich vereint. Introvertierten fällt es oft leichter, sich auf eine Sache zu konzentrieren und Dinge in aller Stille abzuarbeiten. In der Regel schneiden introvertierte Menschen bei einem Studium besser ab als extrovertierte Personen. Trotzdem möchten viele introvertierte Menschen gerne etwas extrovertierter werden, um sich in ihrem Umfeld besser behaupten zu können. Auch dabei kann Selbstdisziplin helfen – und introvertierten Menschen fällt es als konzentrierten und stillen Arbeitern meist relativ leicht, ihre Selbstdisziplin zu stärken.

Ob sich die Persönlichkeit so verändern kann, dass aus einem extrovertierten Menschen ein introvertierter Mensch wird oder umgekehrt, das wurde in der Forschung lange mit Skepsis betrachtet. Inzwischen gehen aber immer mehr Experten davon aus, dass eine solche Wandlung tatsächlich möglich ist, wenngleich das in der Regel automatisch geschieht und nicht bewusst gesteuert wird. Viele introvertierte Jugendliche werden als Erwachsene etwas extrovertierter.

Ist meine Wahrnehmung konkret oder abstrakt?

Wir Menschen sehen mit unseren Augen, und wenn diese Augen gesund sind, dann kann es sein, dass zwei verschiedene Menschen zwar dasselbe sehen, diese Sache aber ganz verschieden wahrnehmen. Damit ist gar nicht gemeint, dass bei einer Zeugenbefragung der Polizei der eine Zeuge einen kleinen Mann mit dickem Bauch und langem Bart gesehen haben will, während eine andere Zeugin Stein und Brett schwören könnte, dass es eine große schlanke Frau mit kurzen Haaren gewesen ist – hier handelt es sich wohl eher um ein Problem mit dem Erinnerungsvermögen.

Nein, es ist möglich, dass Sie und ich dasselbe sehen, dass wir uns genau daran erinnern und trotzdem einen unterschiedlichen Eindruck haben von dem, was wir da gesehen haben. Das hat viel mit der Wahrnehmung zu tun. Und zu einem vernünftigen Selbsttest gehört auch die Frage: Wie nehme ich Dinge wahr? Ist meine Wahrnehmung eher konkret oder eher abstrakt? Das klingt jetzt vielleicht erst einmal ziemlich kompliziert, es ist aber bei näherer Betrachtung ganz einfach und nachvollziehbar.

Was bedeutet eigentlich konkret bzw. abstrakt?

Die beiden Begriffe konkret und abstrakt sind längst in den allgemeinen Sprachgebrauch übergegangen und werden auch vielfach von Menschen benutzt, die sich ihrer eigentlichen Bedeutung, ihrem ursprünglichen philosophischen Kontext, nicht mehr bewusst sind. Um es einfach zu formulieren: Als konkret bezeichnen wir das Greifbare, das fest in der Wirklichkeit Verankerte, also die Realität zum Anfassen. Abstrakt ist hingegen das von der Wirklichkeit Gelöste, das nur Gedachte und Symbolisierte, die Realität, die zwar Realität ist, die wir aber nicht berühren können.

Es geht aber noch weiter und tiefer: Konkrete Wahrnehmung bezieht sich auf das, was unmittelbar, direkt, konkret vor Augen ist. Konkrete Wahrnehmung richtet sich auf Details, auf einzelne Punkte und Koordinaten. Abstrakte Wahrnehmung nimmt weniger die definierte Einzelheit als das große, übergeordnete Muster wahr. Abstrakte Wahrnehmung sieht nicht einzelne Koordinaten, sondern ganze Wegenetze, hat eher das Ziel im Blick als einzelne Schritte. Konkrete Wahrnehmung steht in der Gefahr, sich zu verzetteln, während abstrakte Wahrnehmung mitunter einzelne Schritte vergisst.

Die Zusammenarbeit der unterschiedlichen Wahrnehmungstypen gestaltet sich nicht immer ganz einfach: Während der abstrakte Typ bei einem Projekt das Gesamtbild vor Augen hat, legt der konkrete Typ gern den Finger in die Wunde und fragt kritisch nach der Realisierungsmöglichkeit einzelner Schritte. Das kann schnell zu Spannungen führen, weil in den Augen des konkreten Typs der abstrakte Typ abgehoben und praxisfern agiert, während umgekehrt der konkrete Typ in den Augen des abstrakten Typs zu überzogener Erbsenzählerei neigt.

Trotzdem werden für ein erfolgreiches Projekt meistens beide Sichtweisen gebraucht. Damit Sie wissen, welcher Blick Ihnen möglicherweise fehlt, ist es wichtig, dass Sie sich klarmachen, ob Sie eher zu einer abstrakten oder eher einer konkreten Wahrnehmung neigen. Daraus ergibt sich auch die Antwort auf die Frage, wie Sie Ihre Selbstdisziplin ausrichten müssen: Als konkreter Typ müssen Sie sich daran gewöhnen, weitere Schritte zu unternehmen und darauf zu achten, sich nicht in zu vielen Einzelheiten zu verlieren. Als abstrakter Typ benötigen Sie Selbstdisziplin, um einen Schritt nach dem anderen zu machen und nicht nur auf das große Ganze zu achten.

Bin ich ehrlich zu mir selbst oder belüge ich mich?

Es ist nicht immer einfach, die Dinge im richtigen Licht zu sehen. Unsere Wahrnehmung ist immer subjektiv und Verzerrungen unterworfen. Das gilt insbesondere für unsere Selbstwahrnehmung. Wir neigen zu einer gewissen Großzügigkeit und Nachsicht mit uns selbst. Wir erlauben uns, die Dinge, die uns selbst betreffen, in einem milden Licht zu sehen. Das kann mitunter zu Verschiebungen der Wirklichkeit führen – und uns im ungünstigsten Fall in beträchtliche Schwierigkeiten bringen.

Es gibt Menschen, die zu notorischen Lügnern werden, wenn es um sie selbst geht. Aus Angst vor der Erkenntnis unangenehmer Wahrheiten neigen sie dazu, sich ihr Selbstbild rosarot zu malen. Solche Menschen sind natürlich auch recht anfällig für ein undiszipliniertes Leben, weil sie eben dazu neigen, Fünfe gerade sein zu lassen.

Die Neigung zur Selbsttäuschung ist weit verbreitet

Niemand mag Lügner. Es gilt als ein schlechtes Verhalten, wenn jemand nicht die Wahrheit sagt. In bestimmten Fällen kann eine Lüge sogar als Straftat gewertet und juristisch verfolgt werden. In jedem Fall ist es aber ein von der Gesellschaft kaum akzeptiertes Verhalten – allenfalls eine kleine Notlüge wird hin und wieder als verzeihlich angesehen. Im Großen und Ganzen sind wir uns aber alle einig darüber, dass wir nicht belogen werden möchten. Die Wahrheit zu sagen, das gilt als eine Tugend.

Diese Aufrichtigkeit erwarten wir zwar von unserem Umfeld, nicht unbedingt aber von uns selbst. Tatsächlich sind viele Menschen, die ansonsten überaus redlich und aufrichtig leben, schnell bereit, sich selbst gegenüber so manche Unwahrheit zu akzeptieren. Die Selbsttäuschung macht das Leben deutlich leichter. Oft merken wir nicht einmal, dass wir uns selbst belügen – es geschieht ganz unwissentlich, und wir neigen dazu, die Lüge als Wahrheit anzusehen.

Das hat gute Gründe und entspringt in den seltensten Fällen moralisch zweifelhaften Ursachen. Wir belügen uns selbst, um uns zu schützen, um unsere Sicherheit nicht zu verlieren, um ein positives Selbstbild aufrechtzuerhalten, auf dem unsere Lebensführung letztlich gründet. Wir alle kennen die berühmte Fabel vom Fuchs und den süßen Trauben, die er trotz aller Anstrengung nicht erreichen konnte. Anstatt sich darüber zu grämen, dass ihm die süßen Trauben vorenthalten blieben, erklärte er einfach, die Trauben seien ohnehin viel zu sauer und hätten ihm keinen Genuss geboten. Er belog sich also selbst, um einen Verlust zu kompensieren und eine Niederlage zu relativieren.

Wenn wir ein unerreichbares Ziel als nicht mehr erstrebenswert deklarieren, dann erscheint uns das Nichterreichen nicht mehr als Niederlage. Wir können also leichter und entspannter damit umgehen. Natürlich entspricht diese Einordnung nicht immer der Wirklichkeit. Aber die Wirklichkeit kann sehr belastend sein, darum ziehen wir es manchmal – unbewusst – vor, der Wirklichkeit aus dem Weg zu gehen bzw. die Augen vor ihr zu verschließen. Selbst wenn wir uns im Klaren darüber sind, dass es eine Selbsttäuschung gibt, ist es manchmal gar nicht so leicht, diese in unserem eigenen Leben zu erkennen.

Wie erkennen wir, dass wir uns selbst belügen?

In vielen Fällen merken wir gar nicht, dass wir uns selbst belügen. Wir nehmen unsere Selbsttäuschung für bare Münze und gehen zufrieden unseres Weges – das ist ja auch der Sinn der Sache. Aber das hilft uns nicht weiter – wir müssen uns stattdessen auf die Schliche kommen und unsere Selbsttäuschung als solche entlarven.

Dabei ist zu beachten, dass nicht jede Selbsttäuschung schlimm ist. Manchmal hilft uns Selbsttäuschung auch einfach nur dabei, schneller über einen unabänderlichen Missstand hinwegzukommen. Daran ist grundsätzlich nichts auszusetzen. Es besteht aber immer die Gefahr, dass Selbsttäuschung zu einer Lebensphilosophie wird, die uns am Fortkommen hindert – und dann ist Selbstdisziplin besser als Selbsttäuschung.

Unerfüllte Vorsätze und leere Versprechen

Deshalb sollten wir uns einfach ganz ehrlich selbst ein paar Fragen stellen, zum Beispiel: Wie verhält es sich mit meinen Vorsätzen und ihrer Erfüllung? Wenn zwischen unseren Ankündigungen und Vorsätzen eine große Diskrepanz liegt, dann ist das nicht nur ein Hinweis auf fehlende Selbstdisziplin, sondern auch ein starkes Indiz für eine fortwährende Selbsttäuschung. Das merkt auch unser Umfeld: Unsere Ankündigungen werden nicht länger ernst genommen, man rechnet nicht wirklich mit der Umsetzung dessen, was wir uns vornehmen und versprechen. Das ist schlecht für unsere Glaubwürdigkeit, denn wir gelten schnell als Blender, dessen Wort man nicht trauen kann.

Eigene Fehler werden verdrängt

Eine zweite Frage lautet: Wie gehe ich mit meinen Fehlern um? Setze ich meine Fehler mit persönlichem Versagen gleich? Je weniger souverän wir mit unseren Fehlern umgehen, desto eher neigen wir dazu, uns über diese Fehler selbst zu belügen. Wenn wir Fehler als kleine

Katastrophen und persönliche Niederlagen begreifen, dann können wir nur schwer mit ihnen umgehen. Wir versuchen, Fehler dann so vollständig wie möglich zu vermeiden. Weil das aber in der Praxis kaum möglich ist, greifen wir unbewusst zum Mittel der Selbsttäuschung. Wenn wir unsere Fehler aber nicht anerkennen, dann können wir auch nicht aus ihnen lernen und es zukünftig besser machen.

Übertreibungen verzerren die Wirklichkeit

Die dritte Frage lautet: Neige ich zu Übertreibungen? Damit ist nicht gemeint, dass Sie fantastische Schilderungen Ihrer Abenteuer im Orient oder im Wilden Westen zum Besten geben, die Sie nie erlebt haben. Übertreibungen passieren sehr häufig unbewusst: Schon wenn Sie angesichts eines kleineren (oder auch größeren) Missgeschicks ausrufen: »*Immer* passiert mir so etwas!«, dann ist das eine waschechte Übertreibung und Sie reden sich damit ein, vom Pech verfolgt zu sein. Übertreibungen sind einer der größten und häufigsten Fehler in Streitgesprächen, gerade unter Paaren: »*Immer* machst du dies! *Immer* tust du jenes!« Übertreibungen erkennt man daran, dass die Realität durch eine klare Grenze in Schwarz und Weiß eingeteilt wird – es werden keine Graustufen zugelassen.

Selbstüberschätzung verleitet zu Fehltritten

Keine Medaille glänzt heller als die, die wir uns selbst umhängen. Viele Menschen neigen zu einer ausgeprägten Selbstüberschätzung und sehen sich in weit hellerem Licht, als ihre Umwelt das tut. Fragen Sie nach bei Verlagen und Filmstudios, wie viele nach eigener Auffassung großartige Autoren und Schauspieler sich da jeden Tag bewerben – und wie weit deren Selbstbild von der Einschätzung der zuständigen Lektoren und Agenten entfernt ist. Selbstüberschätzung bringt uns nicht weiter, sondern bremst uns aus – und das ganz gehörig. Sehr viel gravierender ist die Selbstüberschätzung aber im beruflichen Alltag: Wenn Sie zur Selbstüberschätzung neigen, dann nehmen Sie sich schnell ein größeres Pensum vor, als Sie bewältigen können, übernehmen mehr Aufgaben, als Sie erledigen können, und enttäuschen so sich selbst und Ihre Kollegen oder Chefs.

Das Bedürfnis, es allen recht zu machen

Es gibt Menschen, die wollen es einfach allen recht machen und können einfach nicht Nein sagen – weder zu Anfragen noch zu Meinungen. Ein übergroßes Harmoniebedürfnis ebnet unterschiedliche Ansichten ein und lässt Sie zu einem Ja-Sager werden, der alles abnickt und unter den Tisch kehrt, um möglichst keinen Konflikt austragen zu müssen. Dadurch werden Sie sich selbst untreu und verlieren Ihre eigene Identität, die für eine gesunde Entwicklung und auch für die Ausprägung der wichtigen Selbstdisziplin unverzichtbar ist.

Sie sind nicht authentisch

Wenn Sie sich dauerhaft selbst belügen, belügen Sie damit auch Ihr Umfeld und werden zunehmend weniger authentisch. Das macht Sie zunehmend unglaubwürdig, sorgt aber auch dafür, dass Sie sich nicht wohl in Ihrer Haut fühlen. Alles, was Sie tun, fühlt sich unecht an – und das ist fatal: für Ihr Selbstwertgefühl und für Ihre Selbstdisziplin. Es ist keine Übertreibung zu sagen, dass Sie sich selbst verlieren. Wenn Sie sich selbst aber Ihrer nicht gewiss sind – wie wollen Sie dann andere von sich überzeugen? Das kann nicht funktionieren. In diesem Fall zeigen Sie anstelle von Selbstdisziplin eine zunehmende Unsicherheit.

Wie kann man ehrlich zu sich sein?

Es ist gar nicht so einfach, die gewohnheitsmäßige Selbsttäuschung aufzugeben, zumal wir sie oft gar nicht bemerken. Ein wichtiger Indikator ist unser Bauchgefühl. In vielen, wenn nicht den meisten Fällen, merken wir eigentlich schon recht gut, ob sich eine Sache echt und richtig anfühlt oder ob wir hier einer Selbsttäuschung erliegen. Versuchen Sie außerdem, sich möglichst genau kennenzulernen und zu erkennen, was zu Ihnen passt und was nicht – und dann bemühen Sie sich in Ihrem Verhalten immer um größtmögliche Authentizität. Ihr Umfeld wird merken, dass Sie authentisch sind und Sie schon deshalb respektieren.

Das fängt schon an, wenn Sie mit sich allein sind: Gestehen Sie sich Ihre Fehler ein, reden Sie nichts schön und negieren Sie keine Missstände. Machen Sie sich ein klares und ungeschöntes Bild und reagieren Sie entsprechend. Auch hier hilft Ihnen eine Strategie der kleinen Schritte: Versuchen Sie nicht, einem unrealistischen Vorbild auf einen Schritt hin zu entsprechen, sondern nähern Sie sich Ihren Zielen in kleinen Etappen. So können Sie auch immer wieder rechtzeitig Ihren Kurs korrigieren und Ihre Schritte in die richtige Richtung lenken.

Eine abschließende Bemerkung zu diesem Unterkapitel, dem wir mit Absicht viel Platz eingeräumt haben: Während wir bei vielen anderen Punkten, die zu einer vernünftigen Selbsterkenntnis und Selbstwahrnehmung gehören, nicht klar zwischen positiven und negativen Aspekten unterscheiden können (zum Beispiel bei der konkreten und abstrakten Wahrnehmung), ist es im Falle der Selbsttäuschung recht klar, dass diese Eigenschaft einen Malus darstellt, den Sie ablegen sollten. Nur in sehr wenigen Fällen kann Ihnen eine sanfte Selbsttäuschung dabei helfen, über negative Erfahrungen hinwegzukommen und nicht darüber zu stolpern.

Treffe ich rationale Entscheidungen oder handele ich emotional?

Es ist eine uralte Frage: Verstand oder Gefühl? Eigentlich ist diese Frage eng verwandt mit unserer vorherigen Überlegung bezüglich eines strukturierten oder chaotischen Lebenswandels. Allerdings kann auch ein rational denkender Mensch durchaus chaotisch leben und ein emotionaler Mensch mit sehr viel Bedacht vorgehen.

Für gewöhnlich steht eine rationale Handlungsweise höher im Kurs als eine emotionale. Es gilt als vorteilhaft, nach den Gesetzen der Logik vorzugehen und Probleme aus einer kühlen Distanz heraus zu lösen. Die meisten Menschen sehen sich gerne als rationale Persönlichkeiten, die unaufgeregt den Dingen auf den Grund gehen und nicht so leicht aus dem Gleichgewicht zu bringen sind. Rationale Menschen gelten als Problemlöser, als verlässliche Krisen-Manager und Leitfigur. Emotionalen Menschen traut man hingegen die großen Aufgaben nicht zu, sie sind eher in sozialen Berufen gefragt. Aber hat diese Einschätzung überhaupt Bestand?

Emotionen sind keineswegs negativ zu sehen! Lange Zeit war man der Ansicht, dass es sich bei Gefühlen um ein Relikt der menschlichen Evolutionsgeschichte handele, das zu überwinden sei. Inzwischen sieht man das auch in der Forschung ein wenig anders. Emotionen sind wichtig und die Folge einer äußerst aufwendigen Rechenleistung, die das Gehirn erbringt. Maschinen, seien sie auch noch so aufwendig konzipiert, sind zu einer solchen Leistung nicht imstande.

Rationalität und Emotionalität sind keine Gegensätze

Manche Experten gehen sogar noch weiter und sprechen bei Rationalität und Emotionalität von einem Scheingegensatz. Sie weisen darauf hin, dass das Gegenteil von Rationalität die Irrationalität sei, also das unvernünftige Handeln. Rationale Menschen können sehr wohl emotional sein, und ein emotionaler Mensch muss deshalb nicht immer irrational handeln. Wenn Sie eine rational getroffene, voll und ganz logische Entscheidung Ihren Zuhörern vortragen und dabei große Begeisterung zeigen, dann sind Sie zugleich rational und emotional – und das ist nur von Vorteil: Denn es sind vor allem Emotionen, die andere Menschen ansprechen.

Wir sehen das oft bei politischen Wahlen: Die umfassend ausgearbeiteten Wahlprogramme werden von vielen Menschen gar nicht gelesen und bei ihrer Entscheidung an der Wahlurne auch nur sehr eingeschränkt berücksichtigt. Stattdessen gilt die ganze Aufmerksamkeit den Personen, die diese Wahlprogramme verkörpern, die ihnen ein emotionales Gesicht geben. Und gewählt werden häufig nicht die Menschen, die für die uns wichtigen politischen Inhalte stehen, sondern jene, die uns auf einer emotionalen Ebene ansprechen.

Es geht also nicht darum, rationales Handeln gegen emotionales Verhalten auszuspielen. Wir benötigen beides – und Sie müssen genau wissen, zu welcher Seite Sie neigen, damit Sie nach entsprechender Kompensation suchen können.

Vor allem aber dürfen wir nicht den Fehler machen, und die Emotion mit der Intuition verwechseln. Eine Intuition kann sehr wohl von der Ratio geprägt sein, denn die Intuition greift auf rational gemachte Erfahrungen zurück und verarbeitet diese in höchster Geschwindigkeit zu einer Entscheidung, die zwar intuitiv, aber eben deshalb nicht zwingend irrational getroffen wird.

Sind Sie rational oder emotional?

Ihren eigenen Schwerpunkt in Sachen Emotionalität oder Rationalität können Sie relativ leicht einschätzen. Wenn es Ihnen schwerfällt, Gegebenheiten und Aussagen einfach so zu akzeptieren, und Sie stattdessen immer nach Gründen und Herleitungen suchen, dann ist das ein wichtiger Hinweis darauf, dass Sie ein eher rationaler Mensch sind.

Rationale Menschen überlegen im Vorhinein, was Sie sagen möchten, und sprechen dann auch nur diese Dinge aus. Emotionale Menschen denken hingegen, während sie sprechen, und sind dabei naturgemäß weniger strukturiert, was zu einer gewissen Redseligkeit führt. Das bedeutet, dass rationale Menschen im Diskurs häufig zu kurz kommen, während es aus emotionalen Menschen nur so heraussprudelt und sie ihr Umfeld mitunter regelrecht mit ihrem Redeschwall erdrücken.

Dem emotionalen Menschen fällt es auf diese Weise oft leichter, seine Zuhörer mitzureißen. Allerdings reißt er mitunter auch sich selbst so stark mit, dass er vollkommen über seine Kräfte geht und auf einen emotionalen Zusammenbruch – auch Burn-out genannt – zusteuert.

Neige ich eher zur Akzeptanz oder zur Toleranz?

Akzeptanz bedeutet, eine Sache anzunehmen, nicht infrage zu stellen. Toleranz bedeutet, eine Sache auszuhalten. Oft zähneknirschend, gerade so, wider Willen. Akzeptanz hingegen heißt, eine Sache anzunehmen und sogar gutzuheißen. Wenn Sie einen Menschen akzeptieren, dann nehmen Sie ihn einfach so, wie er ist – Sie stören sich nicht an seinen Eigenheiten, sondern akzeptieren diese. Wenn Sie einen Menschen hingegen einfach nur tolerieren, dann stören Sie sich sehr wohl an wenigen oder vielen Dingen, die diesen Menschen ausmachen – aber Sie versuchen, sich damit zu arrangieren.

Es steht außer Frage: Akzeptanz kann das Leben leichter machen – viel leichter. Akzeptanz kann Ihnen dabei helfen, Ihren Stresspegel drastisch zu reduzieren. Warum? Weil Sie sich nicht ständig herausgefordert fühlen, weil Sie nicht ständig das Gefühl haben, gegen eine Sache ankämpfen zu müssen. Toleranz ist hingegen recht kräftezehrend und anstrengend, weil Sie ständig die Fäuste ballen und die Zähne zusammenbeißen müssen.

Die gute Nachricht: Akzeptanz kann man lernen. Auch dazu gehört Selbstdisziplin, auch hier befinden sich Akzeptanz und Selbstdisziplin in einem Verhältnis der Wechselwirkung. Einerseits benötigen Sie Selbstdisziplin, um Akzeptanz ein- und auszuüben, andererseits erleichtert Ihnen zunehmende Akzeptanz auch die Selbstdisziplin, weil Sie weniger Dinge als störende Ablenkung empfinden. Sie können über Brüche mit Ihren eigenen Ansichten und Vorstellungen leichter hinweggehen, weil Sie abweichende Positionen ganz einfach akzeptieren.

Zwar gibt es sehr wohl eine natürliche Neigung zur Akzeptanz oder zur Toleranz, aber damit müssen Sie sich nicht zwangsläufig abfinden. Sie haben die Möglichkeit, sich bewusst für mehr Akzeptanz zu entscheiden. Es ist keineswegs gesagt, dass Akzeptanz immer die bessere Lösung ist und Sie alles und jeden akzeptieren müssen. Wenn Sie sich die Akzeptanz als Grundhaltung aneignen, wird das Ihren

Alltag aber deutlich erleichtern, weil Sie nicht ständig im Gegenverkehr fahren müssen.

Trigger erkennen und entschärfen

Wie so oft geht es auch hier um eine Vielzahl bestimmter Trigger, die Ihren inneren Widerspruch auslösen und Sie – je nach Neigung – entweder zur Intoleranz oder zur Akzeptanz führen. Sprache, Umgangsformen und Werteverständnis sind unter diesen Triggern sicher an erster Stelle zu nennen. Diese Trigger sind die berüchtigten roten Knöpfe, die bei den betroffenen Menschen eine Explosion auslösen. Und wie das bei Explosionen eben so ist: Sie sorgen für eine Menge Rauch und Zerstörung, und es kann mitunter ganz schön lange dauern und sehr aufwendig sein, die Folgen einer solchen Explosion wieder zu beseitigen.

Je besser Sie sich selbst kennen, desto eher gelingt es Ihnen auch, diese Trigger, die für Sie persönlich wichtig sind, zu erkennen. Diese Trigger haben häufig gar nichts mit dem Kurs zu tun, den Sie gerade einschlagen. Sie sind Ablenkungen und Hindernisse auf dem Weg, die Sie durch mehr Akzeptanz leicht bewältigen bzw. negieren können. Die Frage ist auch immer: Lohnt sich ein Kampf? Gibt es für Sie etwas zu gewinnen? In den meisten Fällen, in denen Sie einem Trigger mit Toleranz begegnen, haben Sie von dem kräftezehrenden Kampf nichts. Es wartet kein Preis, kein Aufstieg, sondern nur eine mühsame Erhaltung des Status Quo auf Sie.

Wenn Sie sich in Toleranz üben, dann versuchen Sie, das berüchtigte »Hass-Mützchen«, das Ihnen auf dem Kopf drückt, wieder abzuziehen. Das kostet Zeit und Kraft. Wenn Sie hingegen eine grundlegende Haltung der Akzeptanz eingeübt haben, dann ziehen Sie das »Hass-Mützchen« gar nicht erst auf – selbst wenn Sie sich mit entsprechenden Triggern konfrontiert sehen. Bei der Identifikation Ihrer persönlichen Trigger hilft Ihnen ganz einfach die Frage: Worüber rege ich mich auf? Worüber ärgere ich mich?

Wenn Sie sich also gerade wieder einmal ärgern, dann stellen Sie sich doch sofort die Frage: Warum ärgere ich mich gerade? Worüber ärgere ich mich gerade? Die Chancen stehen gut, dass Sie dann einen solchen Trigger ausgemacht haben. Dann müssen Sie lernen, mit diesem Trigger richtig umzugehen, ihn so weit wie möglich zu entschärfen. Anders ausgedrückt: Sie müssen lernen, diesen Widerspruch zu akzeptieren und nicht dagegen anzugehen, sondern ihn einfach zu passieren.

Aktive Akzeptanz lässt sich erlernen

Haben Sie sich erst einmal klargemacht, für welche Trigger Sie anfällig sind und ob Sie bei der Konfrontation mit diesen eher zur Akzeptanz oder zur Toleranz neigen, dann können Sie aus dieser Erkenntnis auch die richtige Schlussfolgerung ziehen.

Akzeptanz hat erinnert ein wenig an das Prinzip, das hinter fernöstlichen Kampfsportarten steht: Anstatt der Kraft des Gegners, die eigene Kraft entgegenzusetzen, nimmt man die Kraft des Gegners einfach auf und lässt sie ins Leere laufen bzw. wandelt sie in eigene Bewegungen um.

Akzeptanz hat bei widersprüchlichen Meinungen und Ansichten auch viel mit Zuhören zu tun. Wenn es Ihnen gelingt, den ersten Impuls zum Widerspruch zu unterdrücken und stattdessen Ihrem Gesprächspartner zu hören, dann eröffnet sich oft ein Raum zur Akzeptanz der anderen Meinung, weil Sie diese plötzlich besser nachvollziehen können.

Manchmal kann ein anderer Standpunkt auch nachweislich Unsinn sein – zum Beispiel, wenn jemand der Überzeugung ist, die Erde sei eine Scheibe. Dann scheint Widerspruch gerechtfertigt, aber auch hier können Sie mit Akzeptanz Ihren persönlichen Stress verringern. Akzeptanz bedeutet in solchen Fällen nur, dass dieser Mensch eben diese Meinung hat, auch wenn sie nachweislich falsch ist. Sie müssen ihn nicht zwingend vom Gegenteil überzeugen. Aber Sie können durchaus Ihre Ansicht der seinen gegenüberstellen. Anstelle eines apodiktischen Widerspruchs begnügen Sie sich im Stadium der Akzeptanz aber mit einer einfachen Ergänzung: Sie sagen nicht, dass die falsche Behauptung Unsinn sei, sondern erläutern Ihre eigene Ansicht bzw. Erfahrung.

Natürlich hat Akzeptanz da Grenzen, wo plötzlich eine Gefahr für andere besteht: Wenn ein Geisterfahrer auf der Autobahn der Meinung ist, seine Richtung sei die richtige, dann müssen Sie das nicht akzeptieren. Aber im übertragenen Sinn geht von den meisten anderen Geisterfahrern für Sie keine Gefahr aus. Und viele Geisterfahrer, die Sie so wahrnehmen, sind gar keine Geisterfahrer, sondern haben sich eben für eine andere Richtung entschieden. Mag diese Richtung aus Ihrer Sicht auch falsch sein, es hilft Ihnen nichts, wenn Sie sich darüber aufregen. Akzeptieren Sie das Andere und manchmal auch das Falsche, damit es Sie auf Ihrem eigenen Weg nicht behindern kann.

Stellen Sie sich auch immer wieder Frage, warum Sie eine bestimmte Sache, eine bestimmte Meinung, ein bestimmtes Verhalten ablehnen. Worin wurzelt der Trigger, der Sie so aufbringt? Wenn Sie sich mit den Wurzeln eines Ärgernisses auseinandersetzen, dann verliert dieses oft seine Grundlage. Das ermöglicht Ihnen viel eher eine Haltung der Akzeptanz.

Mancher Trigger wurzelt auch einfach in Vorurteilen, die lange gepflegt und gar nicht mehr hinterfragt werden. Durch mehr Akzeptanz können Sie auch diesen Vorurteilen den Zahn ziehen und sich selbst davor bewahren, unnötige Scheinkämpfe auszufechten. Oft sind es angewöhnte und schon in der Kindheit übernommene Verhaltensmuster, die Ihnen bestimmte reaktionäre Reflexe aufnötigen.

Welche Rolle spielen Glaube bzw. Spiritualität für mein Handeln?

In den letzten Jahren sind Glaube und Spiritualität wieder vermehrt in die Aufmerksamkeit der Psychologie gerückt. Gläubige bzw. spirituelle Menschen werden durch diese Eigenschaft meist stark in ihrem

Handeln geprägt – und das hat natürlich auch unmittelbare Auswirkungen auf ihr Handeln und ihre allgemeine Einstellung.

Glaube und Spiritualität sind ein wichtiger Einflussfaktor für Ihre Persönlichkeit. Wenn Sie sich selbst kennen möchten, dann müssen Sie sich auch über Ihr Verhältnis zu Glaube und Spiritualität im Klaren sein. Sind Sie gläubig? Sind Sie spirituell? Woran glauben Sie? Welche Konsequenzen ergeben sich daraus für Ihr Denken und Handeln? Unsere Psyche ist von diesen Aspekten keinesfalls unabhängig.

Erst in den letzten Jahren hat die Psychologie erkannt, dass religiöse Menschen mitunter über eine bessere Gesundheit verfügen – das hängt auch von dem Gottesbild ab, das gepflegt wird. Der Glaube an einen barmherzigen und schützenden Gott lässt diese Menschen eine gewisse Sicherheit und Geborgenheit verspüren, die Ihnen den Alltag erleichtert und Sorgen lindert.

Die Spiritualität des Menschen ist auf diese Weise immer mehr in den Fokus der Wissenschaft gerückt. Dabei geht es nicht um die Richtigkeit der jeweiligen Glaubensvorstellungen, sondern nur um deren Auswirkung auf unser Leben. Wenn wir gläubig oder spirituell sind, dann müssen wir uns über diesen Umstand klar werden – und auch begreifen, was das für unser Leben bedeutet.

Glaube und Spiritualität helfen beim Meistern von Krisen

Die meisten Menschen durchleben früher oder später eine oder eher mehrere Krisen in ihrem Leben. Es gilt inzwischen als wissenschaftlich gesichert, dass eine gesunde Spiritualität dabei hilft, diese zu meistern. Oft kommt es gar nicht erst zu einer Krise, weil die Ereignisse und negativen Gedanken, die zu dieser führen, rechtzeitig abgefedert und entschärft werden.

Es gibt natürlich eine große Bandbreite an religiösen Überzeugungen und spirituellen Ansätzen. In letzter Konsequenz ist auch Yoga eine Form von Spiritualität, ebenso wie die Meditation. Es muss also nicht der wöchentliche Kirchgang sein. Aber Menschen mit einem gesunden Glauben oder einer lebendigen Spiritualität haben einen unbestreitbaren Vorteil im Alltag.

Nun können Sie sich nicht einfach einen Glauben oder eine spirituelle Neigung im Supermarkt kaufen, weil Sie eine solche zur Krisenbewältigung brauchen – das würde einfach nicht funktionieren, und vielleicht möchten Sie das ja auch gar nicht! Aber selbst die ganz einfache Basisausführung von Spiritualität soll schon weiterhelfen: Nehmen Sie sich immer wieder Zeit für sich selbst, in der Sie zur Ruhe kommen und eine Art von Meditation ausüben.

Wir leben in einer Zeit, in der Süchte und Angststörungen immer häufiger zum Alltag vieler Menschen gehören. Auch hier können Religion und Spiritualität große Erleichterungen bewirken. Es ist durch wissenschaftliche Studien zweifelsfrei belegt, dass gläubige und spirituelle Menschen leichter ihre Süchte überwinden und beispielsweise vom Alkohol loskommen.

Das persönliche Wertesystem ist ein entscheidender Faktor

Glaube und Spiritualität sind in der Regel von entscheidender Bedeutung für Ihr persönliches Wertesystem. Über dieses sollten Sie sich voll und ganz im Klaren sein: Was ist Ihnen in Ihrem Leben wichtig, welche Werte halten Sie hoch? Ihr Wertesystem wirkt sich auf Ihr Privat- und Berufsleben aus. Wenn Sie sich dauerhaft entgegen Ihrer Werte verhalten, dann führt das zu einer wachsenden Unsicherheit und Instabilität.

Damit Sie authentisch leben können, müssen Sie deshalb so frühzeitig und umfassend wie möglich Ihr persönliches Wertesystem identifizieren. Denn die Werte bestimmen viele Entscheidungen – unter anderem auch die Wahl des richtigen Berufes. Manchmal können Werte auch untereinander in Konflikt geraten: Wenn Sie zum Beispiel in der Arbeit ein Perfektionist sind und alles möglichst selbst und möglichst perfekt erledigen wollen, andererseits aber auch auf ein intaktes Familienleben Wert legen, dann ist es mitunter schwierig, beides unter einen Hut zu bekommen.

Je mehr Sie sich Ihrer Werte bewusst sind, desto eher wird es Ihnen auch möglich sein, Ihr Leben nach diesen auszurichten – und auch geeignete Maßnahmen zu ergreifen, um Ihre Werte zu harmonisieren. Ohne Kompromisse geht es selten. Wenn Sie diese Kompromisse aber rechtzeitig planen und tragfähig gestalten, dann ist es Ihnen auch bei solchen Lösungen möglich, glaubwürdig und Ihren Werten entsprechend zu leben.

Natürlich können Sie auch ohne Glaube und Spiritualität ein Wertesystem besitzen. Entscheidend ist, dass Sie dieses kennen und wissen, auf welchen Grundlagen es ruht. Je mehr Ihnen Ihre Werte bewusst sind, desto schneller und souveräner können Sie Entscheidungen treffen, die Sie später nicht bereuen müssen und die auch in Zukunft im Einklang mit Ihrer Persönlichkeit stehen.

Welche Rolle spielt mein eigenes Umfeld?

Kein Mensch ist eine Insel, heißt es so schön, und daran ist viel Wahres. Auch Sie besitzen ein persönliches Umfeld, mit dem Sie sich in einer Wechselwirkung befinden. Der US-amerikanische Geschäftsmann und Motivationstrainer Jim Rohn hat den berühmten Satz geprägt: Wir sind der Durchschnitt der fünf Menschen, mit denen wir am meisten Zeit verbringen. Das ist ebenso simpel wie clever – und vor allem richtig. Dabei ist es grundsätzlich richtig, dass wir Kontakte pflegen – denn Einsamkeit ist keine Lösung. Der Mensch ist in seinem Wesen auf Gemeinschaft ausgelegt. Es ist aber wichtig, dass wir diese Gemeinschaft richtig wählen.

Soziale Kontakte prägen unsere Persönlichkeit ein Leben lang

Der Einfluss des persönlichen Umfelds beginnt schon im Kindergarten. Im Sozialraum eines jeden einzelnen Kindes werden Weichen gestellt und Grundsteine gelegt, die sich massiv auf seine weitere Entwicklung und sein Verhalten als erwachsener Mensch auswirken. Die Prägephase eines Kindes ist deshalb von essenzieller Bedeutung, und gerade den Eltern kommt deshalb eine große Verantwortung zu, diese richtig zu gestalten. Es ist ganz einfach nicht gleichgültig, was Sie mit Ihrem Kind unternehmen, welche Texte Sie ihm vorlesen, welche Filme Sie ihm zeigen.

Aber dieser Einfluss des Umfelds endet natürlich nicht damit, wenn wir älter und schließlich erwachsen werden. Noch immer sind wir vielen Impulsen ausgesetzt, die wir nicht alle steuern können, denen wir aber auch nicht vollkommen hilflos gegenüberstehen. Wir müssen die Stimmen, die wir den ganzen Tag über zu hören bekommen, sortieren. Es gibt Menschen, denen wir begegnen, mit denen wir aber praktisch keinen Umgang pflegen und die uns deshalb auch nicht beeinflussen. Diese Menschen können wir getrost vernachlässigen.

Dann gibt es Menschen, mit denen wir regelmäßigen Umgang haben und die uns auch beeinflussen, die es aber eigentlich nicht gut mit uns meinen. Diese Leute mögen uns vielleicht gar nicht, sind aber da und üben bewussten oder unbewussten Einfluss auf uns aus. Es gibt auch Menschen, die es auf den ersten Blick gut mit uns meinen und uns formal vielleicht sogar Unterstützung gewähren, in Wirklichkeit aber nicht unsere Freunde sind. Diese Leute sind mitunter schwer zu identifizieren. Es gibt viele solcher Menschen, und manchmal sind wir selbst auch so: Wenn wir zum Beispiel einem anderen Menschen zu seiner Beförderung gratulieren und gleichzeitig von Neid erfüllt denken, dass wir diese Beförderung eigentlich viel mehr verdient hätten. Das ist menschlich, aber nicht positiv.

Dann gibt es Menschen, die uns wirklich guttun und die wir uns unbedingt erhalten sollten: Das sind die Menschen, die es von Herzen gut mit uns meinen und uns aufrichtig begegnen. Dazu sollten idealerweise unsere Familienmitglieder gehören, auch wenn dies leider längst nicht in allen Familien der Fall ist. Wer in jedem Fall zu dieser Gruppe gehören sollte, ist der eigene Partner, denn eine gesunde und funktionierende Partnerschaft ist lebenswichtig.

Eine gesunde und funktionierende Partnerschaft ist lebenswichtig

Eigentlich sollte die in der Überschrift gemachte Aussage eine Selbstverständlichkeit sein, aber wie wir aus der Realität wissen, ist dem häufig nicht so. Viel zu viele Menschen leben in toxischen Partnerschaften, die ihnen nicht guttun, die ihr Leben und ihren Alltag vergiften und ihnen langfristig deutlich schaden. Um es ganz deutlich zu sagen: Damit dürfen wir uns unter keinen Umständen abfinden!

Über die Qualität und Beschaffenheit Ihrer Partnerschaft dürfen Sie sich keine Illusionen machen. Die Zeit, die Sie mit Ihrem Partner verbringen, sollte immer *Quality Time* sein, erfüllende und gut genutzte Zeit, die Ihnen dabei hilft, Ihre Kräfte aufzufrischen und neue Energie zu tanken. Natürlich kann das nicht in jedem Augenblick so sein, natürlich gibt es auch in einer gesunden Partnerschaft Konflikte, die auf eine möglichst konstruktive Weise ausgetragen werden müssen.

Aber aufs Ganze gesehen, führt kein Weg daran vorbei, dass Sie sich in Ihrer Partnerschaft glücklich und geborgen fühlen. Ob dem so ist, lässt sich leicht an einigen Punkten festmachen: Da ist zum einen das Vertrauen. Vertrauen spielt für das Gelingen einer Beziehung eine große Rolle. Sprechen Sie mit anderen über ihren Partner und persönliche Belange, oder ist vor allen anderen immer Ihr Partner der Ansprechpartner? Tut Ihnen die Zeit, die Sie gemeinsam verbringen, überwiegend gut, und spendet sie Ihnen Kraft, oder ist es eher umgekehrt: Müssen Sie viel Zeit und Energie investieren, um die Beziehung am Laufen zu halten? Finden Sie in Ihrer Beziehung Halt oder eher eine Herausforderung?

Es ist wichtig, dass Sie sich alle diese Fragen ehrlich beantworten und die richtigen Konsequenzen daraus ziehen. Weist Ihre Partnerschaft Defizite auf, dann arbeiten Sie daran. Kommen Sie zu dem Ergebnis, dass Ihnen Ihre Partnerschaft keine Kraft und keinen Halt gibt, dann ziehen Sie die Reißleine – aber halten Sie auf keinen Fall etwas künstlich am Leben, das Ihnen schadet. Auch Singles müssen nicht ohne Erfüllung bleiben: Es gibt viele Möglichkeiten, Sinn und Inhalt im Leben zu finden – zum Beispiel über ein Ehrenamt.

Ein ehrenamtliches Engagement kann Erfüllung bringen und Sinn stiften

Der Mensch braucht Erfüllung in seinem Leben. Erfüllung und Sinn sind zentrale Elemente, die uns Halt geben und uns antreiben. Ein Ehrenamt ist keineswegs nur eine Verpflichtung, die wir aus Verantwortungsbewusstsein gegenüber anderen eingehen – ein Ehrenamt kann uns tatsächlich glücklich machen.

Ehrenamtliche Tätigkeiten sind in Deutschland weit verbreitet: Jeder fünfte Mensch übt irgendwann während seines Lebens einmal ein Ehrenamt aus. Manche Menschen tun das für einen kurzen Zeitraum, andere ein Leben lang. Die Menschen, die ein Ehrenamt ausüben, haben ganz verschiedene Hintergründe, aber eine entscheidende Gemeinsamkeit: Sie finden in ihrem Ehrenamt Glück und Erfüllung. Ein Ehrenamt kann ein Ausgleich sein, zum Beispiel zu einem schwierigen Berufsleben. Ein Ehrenamt bringt einfach viele konkrete Vorzüge mit sich.

Das Ehrenamt bringt viele konkrete Vorzüge

Es gilt in der Tat als wissenschaftlich erwiesen, dass das Ehrenamt viele konkrete, das heißt messbare, Vorzüge mit sich bringt. Zum ersten bringt ein Ehrenamt Sinn in Ihr Leben. Das ist ein Faktor, den Sie nicht unterschätzen sollten. Der Brotberuf wird nicht immer als sinnvoll, sondern oft nur als eben lebensnotwendig empfunden. Mit dem Ehrenamt kann deshalb eine deutliche Steigerung der persönlichen Zufriedenheit erreicht werden, denn alle Menschen brauchen einen Sinn in Ihrem Leben.

Es gibt Erhebungen, die deutlich zutage fördern, dass die Zufriedenheit unter Landwirten besonders hoch ist, weil sie einen großen Sinn in ihrer Arbeit sehen: Nirgendwo lässt sich persönliche Anstrengung unmittelbarer in greifbare Ergebnisse umsetzen, nirgendwo können für die eigene Mühe wirklich im Wortsinn die Früchte der Arbeit geerntet werden. Ein Ehrenamt kommt diesem Gefühl recht nahe: Hier sehen Sie wirklich, was Sie leisten und was Sie an Gutem damit bewegen. Es ist für die meisten Menschen ein ungeheuer befriedigendes Gefühl, wenn sie etwas Gutes für andere tun. Das ist in unserer menschlichen DNA verankert.

Aus dieser tiefen Erfüllung erwächst auch ein besseres und stabileres Selbstbewusstsein. Das Gefühl, etwas Gutes zu vollbringen, das anderen Menschen Anerkennung für unsere Taten abnötigt, wirkt sich auf unsere Psyche aus. Wir haben eine Art von Erfolg, die sich nicht in Zahlen und Bilanzen ausdrücken lässt. Es ist eine durch und durch positive Erfahrung, anderen Menschen zu helfen, Gutes zu bewirken und die Welt besser zu machen. Sie gehen mit einem guten Gefühl zu Bett und sind mit sich und der Welt im Reinen. Sie treten auch gegenüber anderen Menschen mit größerer Sicherheit auf und können sich selbst und Ihren persönlichen Standpunkt besser behaupten.

Ein Ehrenamt ist demzufolge auch wichtig für soziale Kontakte. Die wenigsten Ehrenämter werden im Alleingang ausgeführt. Stattdessen kommen Sie mit vielen anderen Menschen in Berührung, oft auch mit Gleichgesinnten, die Ihnen ein starkes Gemeinschaftsgefühl vermitteln und einen fruchtbaren Austausch ermöglichen. Die verbesserten zwischenmenschlichen Beziehungen gehören tatsächlich zu den wichtigsten Vorzügen, die Ihnen ein Ehrenamt bietet. Beim Ehrenamt ist niemand allein, sondern trifft auf andere Menschen mit gleicher Gesinnung, die den eigenen Bemühungen Wertschätzung und Respekt entgegenbringen.

Alle diese Vorzüge kulminieren in einem Ergebnis und weiteren besonderen Vorzug: Eine ehrenamtliche Tätigkeit entspannt, baut Stress ab und steigert die Lebensqualität. Menschen mit einem Ehrenamt haben etwas gefunden, worauf sie aufbauen können. Das ist ganz einfach mit den Mitteln der Wissenschaft erklärbar: Wenn wir etwas Gutes tun, werden Glückshormone in unserem Körper freigesetzt und Stresshormone abgebaut. Die Waage verschiebt sich also zu einem positiven Gesamtgefühl. Das Ehrenamt ist also eine Medaille mit zwei guten Seiten – und damit etwas, das es nicht allzu oft gibt.

Trotzdem muss auch hier eingestanden werden, dass es mitunter auch nachteilige Effekte eines Ehrenamtes geben kann: Das ist dann der Fall, wenn Sie zum Beispiel kranke Menschen pflegen oder sich um andere Menschen in prekären Notsituationen kümmern. Mitunter kann das auch belastend sein und Sie nach unten ziehen. In diesem Fall sollten Sie überlegen, sich ein anderes Ehrenamt zu suchen oder versuchsweise eine Auszeit zu nehmen.

Erfolg färbt ab, Erfolglosigkeit bremst aus

Haben Sie schon einmal etwas von einem Windschatten gehört? Der Windschatten ist ein begrenzter Bereich, in dem der Wind durch ein natürliches oder unnatürliches Hindernis blockiert wird. Er spielt zum Beispiel im Radrennsport eine wichtige Rolle, wenn sich die einzelnen Fahrer im Windschatten Ihres Vordermannes bewegen können. Dabei können die betreffenden Fahrer die Geschwindigkeit des Vordermannes halten, ohne denselben Kraftaufwand betreiben zu müssen.

Umgekehrt gibt es auch die Möglichkeit, dass ein langsamer Fahrer das nach ihm kommende Feld ausbremst – das sorgt dann immer für viel Unmut. Sie kennen das vielleicht aus Ihrem Alltag von der Autobahn, wenn ein besonders gemütlicher Verkehrsteilnehmer alle anderen behindert – das kann im Extremfall sogar ein Fall für die Verkehrspolizei sein und mit einem Bußgeld belegt werden. Vor allem, wenn sich das Ganze auf der Überholspur ereignet. Was das alles mit Ihnen zu tun hat, fragen Sie?

Ganz einfach: Auch in dieser Hinsicht spielt unser Umfeld, die Menschen, mit denen wir uns umgeben, eine entsprechende Rolle. Wenn

Sie überwiegend von erfolgreichen Menschen umgeben sind, dann ist das ein Ansporn und eine Inspiration, von der Sie profitieren und die Ihnen Antrieb schenkt. Ist das aber nicht der Fall, und sind Sie stattdessen vor allem von erfolglosen Menschen und Müßiggängern umgeben, dann kann Sie das ausbremsen und Ihr Fortkommen behindern.

Passen Sie Ihr Umfeld Ihren Bedürfnissen an

Wenn Sie sich schmutzig fühlen, dann stellen Sie sich unter die Dusche. Am Abend und am Morgen putzen Sie die Zähne und betreiben allgemeine Körperhygiene. Das ist ganz normal und wichtig und richtig – kein Mensch, der all dies tut, denkt sich etwas dabei, und Menschen, die es nicht tun, haben wahrscheinlich keinen großen Freundeskreis.

Es gibt den wichtigen Begriff der geistigen Hygiene. Diese wird von vielen Menschen noch immer vernachlässigt. Oft wird die geistige Hygiene mit Medienkonsum in Verbindung gebracht und hat da auch sicher seine Berechtigung: Es ist natürlich nicht gleichgültig, womit Sie sich beschäftigen, und Sie sollten Ihren Medienkonsum gezielt steuern. Die geistige Hygiene betrifft aber nicht nur Bücher, Filme und die sozialen Medien, sondern auch Ihr persönliches Umfeld.

Menschen und Meinungen üben einen gewaltigen Einfluss auf uns aus – aber das gilt genauso für Haltungen und Lebensweisen. Wenn Sie mit lauter Menschen zusammen sind, die es gerne langsam angehen lassen, Fünf für eine gerade Zahl halten und auch sonst eher ein gemütliches Tempo bevorzugen, dann wird das auf Sie abfärben. Wenn Sie Ihre Tage in der Gesellschaft von Spatzen verbringen, dann werden Sie sich im kalten Winter eher nicht in den warmen Süden verabschieden. Gehören Sie aber zu einer Schar Zugvögel, dann machen Sie sich rechtzeitig auf den Weg.

So ist das auch mit Ihrem beruflichen Fortkommen und Ihrer persönlichen Entwicklung. Der Mensch ist ein Mannschaftsspieler, und der großartigste Einzelkönner kann nur wenig bewegen, wenn er keine geeigneten Mitspieler hat. Natürlich kennen wir die Phrase, dass einzelne Spieler ein Spiel entscheiden können – das ist aber die Ausnahme und die betreffenden Spieler sind Spitzenkönner, die es nur selten gibt. Außerdem gelingt selbst solchen Champions dieses Kunststück nicht immer.

Im Mittel entscheidet die Aufstellung der Mannschaft. Und mehrheitlich schwache Spieler können auch einen guten Spieler mit nach unten ziehen. Deshalb ist es wichtig, dass die Zusammenstellung stimmt – und für diese Zusammenstellung ist in Ihrem Leben kein Trainer verantwortlich, sondern Sie selbst! Zumindest in den meisten Fällen. Stellen Sie sich Ihr Umfeld als eine Art Wohnung vor: Wenn Ihnen die Einrichtung Ihrer Wohnung nicht behagt, dann ändern Sie sie.

Das persönliche Umfeld zu ändern, fällt schwer

Das persönliche Umfeld hat viel mit Gewohnheit zu tun, und Gewohnheiten zu ändern, das fällt schwer. Es führt aber kein Weg daran vorbei, denn Sie sollten sich auf keinen Fall der Illusion hingeben, dass Sie allein Ihr Umfeld ändern können. Sie erinnern sich noch an das eingangs angeführte Zitat: Jeder Mensch ist der Durchschnitt der fünf Personen, die ihm am nächsten sind.

Also müssen Sie genau diesen fünf Menschen besondere Aufmerksamkeit schenken – und gegebenenfalls Veränderungen bewirken. Das ist schwer, mitunter sehr schwer, darüber wollen wir uns nicht hinwegtäuschen, aber die Alternative wäre, alles zu lassen, wie es ist, und damit das Ruder aus der Hand zu geben. Das sollte eigentlich keine ernsthafte Option sein!

Natürlich können Sie versuchen, der Taktgeber Ihres Umfeldes zu werden. Sie können als Spitzenspieler auftreten, als Dauermotivator, als Dirigent. Aber das ist eine sehr schwierige und kräftezehrende Aufgabe. Sie brauchen viel Energie und noch mehr Geduld. In der Länge liegt die Last, und diese Last könnte tatsächlich zu schwer werden für Sie. Aber natürlich liegt die Wahl bei Ihnen. Das tut sie immer.

Es kann auch durchaus lohnend sein, Ihr Umfeld konstruktiv zu beeinflussen – aber Sie müssen ein Auge dafür entwickeln, inwieweit das wirklich möglich ist und wo Sie sich nur noch aufreiben. Manchmal kann eine Trennung die bessere Lösung sein.

Die erfolgversprechendste Möglichkeit ist es, Ihr Umfeld Ihren Bedürfnissen anzupassen und so dafür zu sorgen, dass es Ihnen guttut und Sie vorankommen. Das bedeutet nun nicht, dass Sie alle Leute, die nicht mit Ihren Ansichten übereinstimmen, sofort aus Ihrem Leben verbannen. Aber es ist ganz sicher sinnvoll, dass Sie Ihren persönlichen Umgang danach ausrichten, wo Gemeinsamkeiten in Meinung und Ziel vorherrschen.

Es gibt Leute, die liegen am liebsten den ganzen Tag in der Hängematte und schnarchen – wie Donald Duck in den berühmten Comics. Und es gibt Leute, die stehen früh auf und arbeiten hart für Ihren Erfolg – wie Dagobert Duck, Donalds Onkel. Natürlich müssen wir nicht gleich nach Millionen und Milliarden streben, aber ein gelingendes Leben erreichen wir in den seltensten Fällen von der Hängematte aus. Die Hängematte ist die persönliche Komfortzone – und es spielt beim Verlassen derselben durchaus eine Rolle, ob unser Umfeld auch am liebsten in der eigenen Hängematte liegt oder lieber an unserer Hängematte rüttelt, damit wir endlich aufstehen und etwas tun.

Dabei kann der Austausch der engen Freunde und Weggefährten ganz sukzessive über die Bühne gehen: Suchen Sie sich bewusst Menschen, die Sie inspirieren und die Ihnen guttun. Menschen, mit denen Sie am selben Strang ziehen. Wenn Sie erst einmal solche Kontakte geknüpft haben und diese pflegen, dann werden sich weniger sinnvolle Kontakte zunehmend von selbst erledigen. Es ist dann ein schleichender Übergang und kein harter Bruch.

Ein abschließendes Beispiel: Wenn Sie gerne abnehmen möchten und zu diesem Zweck Sport treiben und Ihre Ernährung verändern möchten, dann ist es wenig hilfreich, wenn Sie Ihre Zeit unter faulen Freunden der Völlerei verbringen. Wie wollen Sie vernünftig fasten bzw. sich gesund ernähren, wenn Ihnen ständig leckere Speisen vor der Nase stehen? Wie wollen Sie regelmäßig trainieren, wenn alle um Sie herum in Liegestühlen sitzen? Das braucht eine ungeheure Menge an Selbstdisziplin – und wenn Sie so viel Selbstdisziplin besitzen, dann kann Ihnen dieser Ratgeber wahrscheinlich nichts mehr beibringen. Vielleicht könnten Sie uns dann ein paar Tipps geben?

Welche Rolle spielt die eigene Gesundheit?

Über die Gesundheit machen sich viele Menschen erst Gedanken, wenn sie krank werden und darum Gesundheit einbüßen. Solange die Gesundheit vorhanden ist, gilt sie als selbstverständlicher Normalzustand. Allerdings machen immer mehr Menschen die Erfahrung, dass Gesundheit nicht selbstverständlich ist – und das betrifft zunehmend auch die geistige Gesundheit. Wir leben im Zeitalter der Psychosen und Depressionen, die natürlich allesamt Einfluss ausüben auf unser Wohlbefinden und auf unser Leben.

Gesundheit ist ohne Wenn und Aber das wichtigste Gut, das ein jeder Mensch besitzt. Unter dem Begriff der Gesundheit fassen wir nicht nur das körperliche, sondern auch das geistige Wohlbefinden zusammen. Selbstdisziplin hängt ebenfalls eng mit unserer Gesundheit zusammen, denn ohne Gesundheit fällt Selbstdisziplin schwer und mangelnde Selbstdisziplin kann sich negativ auf unsere Gesundheit auswirken.

Wenn wir nicht gesund sind und mit Gebrechen und Beschwerden körperlicher oder geistiger Art zu kämpfen haben, dann wirkt sich das natürlich auf unseren Alltag aus. Um diese Einschränkungen zu überwinden, benötigen wir weit mehr Selbstdisziplin, als es unter normalen Umständen der Fall wäre. Deshalb ist unsere Gesundheit ein entscheidender Faktor, den wir bei der Planung unserer Lebensgestaltung immer miteinbeziehen müssen.

Was bedeutet „gesund sein" für uns?

Gesund sein möchte jeder Mensch, aber was bedeutet das eigentlich genau im Einzelnen? Gesund zu sein, das bedeutet: stark zu sein, Energie zu haben, belastbar zu sein, mit viel Lebensfreude in die Tage zu gehen. Das ist ein nicht zu unterschätzender Vorteil, der auch die Aneignung von Selbstdisziplin sehr erleichtert.

Ein gesunder Mensch besitzt gleichermaßen körperliche und geistige Leistungsbereitschaft, eine physische und psychische Fitness, die ihm bei der Bewältigung des Alltags von großem Nutzen ist. Ein gesunder Mensch beginnt üblicherweise einen Tag im Plus, ein nicht gesunder Mensch im Minus. Wenn Sie unter gesundheitlichen Einschränkungen zu leiden haben, dann müssen Sie sich jeden Tag strecken, um diesen Startnachteil zunächst einmal auszugleichen.

Gesund zu sein, das bedeutet auch, dass wir uns nach überstandenen Strapazen und Herausforderungen besser und schneller erholen. Wir besitzen bessere Regenerationsfähigkeiten, was bei der Anwendung von Selbstdisziplin ebenfalls von Vorteil ist.

Weil wir uns als gesunder Mensch fit und leistungsfähig fühlen, fällt es uns leichter, mit einem positiven Mindset in Herausforderungen und Prüfungen zu gehen. Da ist es kein Wunder, dass eigentlich alle Menschen nach Gesundheit streben. Aber das Erreichen dieses Zieles ist gar nicht so einfach: Denn es gibt unzählige Regeln für ein gesundes Leben, einige davon widersprechen sich sogar. Außerdem fällt das Umsetzen dieser Regeln vielen Menschen auch schwer, weil sie unserer Bequemlichkeit zuwiderlaufen.

Es gibt viele Faktoren, die unsere Gesundheit beeinflussen. Eine Garantie gibt es nicht, außerdem sind manche Beschwerden auch genetisch bedingt und können nicht überwunden werden. Gegen Unfälle und daraus resultierende körperliche Einschränkungen können Sie auch nur bedingt etwas tun. In allen diesen Fällen müssen Sie lernen, mit diesen gesundheitlichen Benachteiligungen umzugehen – dazu brauchen Sie Selbstdisziplin.

Aber die gute Nachricht ist: Auch wenn die Gesundheit unbestreitbar einen großen Einfluss auf unsere persönliche Befindlichkeit hat, auch wenn Sie gerade bei gesundheitlichen Einschränkungen ein besonderes Maß an Selbstdisziplin aufbringen müssen – es ist möglich! Sie können Ihr Leben in jeder Situation mit Selbstdisziplin in den Griff bekommen. Das ist kein leeres Versprechen, sondern eine Tatsache, eine Erfahrung, die viele Menschen gemacht haben und die auch Sie machen können.

Leben mit gesundheitlichen Einschränkungen

Es versteht sich von selbst, dass gesundheitliche Einschränkungen sich auch auf Ihre Lebensführung auswirken. Wenn Sie unter bestimmten körperlichen Gebrechen zu leiden haben, dann müssen Sie diese auch in Ihre Lebensplanung miteinbeziehen. Es ist immer wichtig, dass Sie sich all Ihrer Stärken und Schwächen bewusst sind. Dazu gehören selbstverständlich auch Krankheiten.

Wenn Sie zum Beispiel Diabetiker sind, dann ist es völlig klar und einleuchtend, dass Sie bei allen Entscheidungen und Planungen berücksichtigen müssen, dass Sie regelmäßig Insulin benötigen. An dieses lebenswichtige Bedürfnis Ihres Körpers zu denken, erfordert Selbstdisziplin. Es ist ganz erstaunlich, wie großartig viele gesundheitlich beeinträchtigte Menschen diese besondere Herausforderung in ihrem Leben meistern und trotzdem großartige Ziele erreichen. Der Schlüssel hierzu ist viel Selbstdisziplin – und ein entsprechendes Mindset.

Wichtig ist bei gesundheitlichen Einschränkungen wie bei allen anderen besonderen Hürden, denen Sie sich im Lauf Ihres Lebens gegenübersehen werden, vor allem eines: Sie dürfen sich nicht davon beirren lassen.

Wir haben bereits gelernt, dass die psychische Gesundheit positiv von Glauben und Spiritualität beeinflusst werden kann. Aber auch Hobbys und individuelle Interessen können der psychischen Gesundheit dienen.

Welche Rolle spielen meine Hobbys und meine individuellen Interessen?

Hobbys und individuelle Interessen sind für Ihre Lebensgestaltung keinesfalls unbedeutend. Auch Hobbys und Interessen prägen Ihre Persönlichkeit, Ihren Alltag und Ihre Eignung für Selbstdisziplin. Wenn Sie zum Beispiel Sportler sind und regelmäßig eine bestimmte sportliche Tätigkeit ausüben, dann dient das nicht nur Ihrer körperlichen Fitness, sondern stärkt auch Ihre Selbstdisziplin – denn wie jeder Sportler weiß, ist eine erfolgreiche sportliche Betätigung ohne ein gewisses Maß an Disziplin gar nicht möglich.

Die Ausübung mancher Hobbys kommt einer spirituellen Erfahrung nahe und kann Ihnen dabei helfen, Ihre Mentalität zu festigen – denken Sie zum Beispiel an das Hobby Musik. Nicht umsonst wird Musik als universale Sprache bezeichnet; sie kommt ohne Worte aus und erreicht den Geist und die Seele. Natürlich ist es wichtig, dass wir die passenden Hobbys auswählen, aber dann sind diese tatsächlich auch wichtig für unseren persönlichen Erfolg.

Hobbys sind wichtig für unseren persönlichen Erfolg

Hobbys werden häufig nicht so ernst genommen. Hobbys zählen zum Bereich von Spiel und Spaß und stehen nach Meinung vieler Menschen in keinerlei Zusammenhang zu dem angestrebten beruflichen Erfolg. Im Gegenteil: Man ist sich meist einig, dass die Ausübung von Hobbys zurückgefahren werden muss, wenn es darum geht, nach höheren Zielen zu streben.

Diese Ansicht deckt sich aber nicht mit den Ergebnissen mehrerer Studien, die in den letzten Jahren von verschiedenen Forschern durchgeführt wurden. Hier wurden ganz andere Erkenntnisse gewonnen, die uns zu denken geben sollten: Hobbys sind unserem Erfolg nicht hinderlich, sondern ihm geradezu dienlich. Sie müssen nur auf die richtige Art und Weise gepflegt werden.

Freiheit ist das wichtigste Prinzip

Das wichtigste Prinzip, das Sie jedem potenziellen Hobby zugrunde legen sollten, ist die Freiheit. Damit ein Hobby seine positive Wirkung in Ihrem Leben entfalten kann, müssen Sie es frei wählen. Freiheit ist ein Punkt, der in unserem beruflichen Alltag und auch sonst oft zu kurz kommt. Wir unterliegen alle vielen Zwängen, denen wir nicht so leicht entgehen können. Das ist mitunter sehr belastend und kostet Kraft und Lebensfreude.

Ein frei gewähltes Hobby, das uns das Gefühl gibt, unser eigenes Selbst zu verwirklichen, kann hier wie Balsam wirken und ein wohltuender Ausgleich sein. Ohne ständige Stoppschilder und Wegweiser einfach mal loslegen, so richtig aufs Gas drücken – oder eben zu bummeln, ganz nach Belieben. Eine Tätigkeit, die wir um ihrer selbst willen tun, weil sie uns Freude macht und Entspannung bringt. Diese Art von Freiheit nutzt auch unserer Gesundheit.

Es ist für Experten eine ausgemachte Tatsache, an der niemand mehr rütteln will: Die freiwillige Wahl und Ausübung einer Tätigkeit stellt einen wichtigen Aspekt für unser Wohlergehen dar. Es bedeutet uns eine Menge, bei einer Sache nicht fremdbestimmt zu sein, sondern unseren eigenen Zielen und Wünschen zu folgen, auch wenn wir uns dessen manchmal vielleicht gar nicht bewusst sind.

Hobbys sind wichtig für unsere Gesundheit

Ein Aspekt, der ebenfalls gerne und oft vernachlässigt wird, ist die Auswirkung der Hobbys auf unsere Gesundheit. Dabei geht es nicht darum, dass wir als Hobby irgendwelchen sportlichen Betätigungen nachgehen, die ohnehin schon gesund sind. Nein, auch ein Hobby, das auf den ersten Blick gar nicht so furchtbar gesund wirkt, kann trotzdem eine positive Auswirkung auf unsere Gesundheit haben.

Das hat übrigens einen ganz einfachen messbaren und wissenschaftlich belegbaren Grund: Wenn wir unserem Hobby nachgehen, werden dabei immer sogenannte positive Neurotransmitter freigesetzt, zum

Beispiel Dopamin und Serotonin. Das bedeutet, dass wir uns leicht und beschwingt fühlen – wir gehen also positiv gestimmt durch den Tag. Und positives Denken – das werden wir später noch sehen – ist eine der wesentlichen Voraussetzungen für eine erfolgreich ausgeübte Selbstdisziplin.

Natürlich können Hobbys, die eine körperliche Betätigung erfordern, neben der mentalen Gesundheit auch die physische Verfassung eines Menschen stärken. Dabei geht es weniger um eine hohe körperliche Leistungsfähigkeit in der Spitze, sondern vor allem um eine allgemeine physische Fitness, die gerade im Alter für viele Menschen immer wichtiger wird.

Hobbys bringen viele konkrete Vorzüge mit sich

Auch neben den unbestreitbaren gesundheitlichen Vorzügen haben Hobbys viele Vorteile. Ein sehr naheliegender Vorteil betrifft die Zufriedenheit und Ausgeglichenheit: Ein Mensch, der ein Hobby ausübt, hat in den meisten Fällen Freude daran (sonst sollte er es nicht ausüben). Das bedeutet, das Hobby gibt ihm ein gutes Gefühl, was für die Bewältigung weiterer Alltagspflichten von Vorteil ist.

Das Hobby kann auch Anerkennung einbringen. Anerkennung ist für jeden Menschen sehr wichtig, aber am Arbeitsplatz leider nicht immer in dem Umfang gegeben, wie wir sie benötigen. Mit Hilfe eines Hobbys lässt sich Anerkennung meist leichter erwerben. Da wir unser Hobby aus freien Stücken und mit großer Leidenschaft ausüben, gelingt es uns in der Regel sehr gut. Wir sind hier zu besonderen Leistungen fähig, weil wir etwas tun, auf das wir Lust haben und das uns liegt. Die Anerkennung, die wir über unser Hobby bekommen, kann uns auch durch Arbeitstage tragen, an denen wir vielleicht nicht so viele Erfolge feiern.

Die regelmäßige Ausübung eines Hobbys kann auch bestimmte Eigenschaften und Fähigkeiten trainieren: Ganz vorne mit dabei sind Geduld und Kreativität. Bei einer Sache, die uns wirklich Freude macht, können wir Rückschläge und Wartezeiten viel eher akzeptieren als bei einer lästigen Pflicht, die wir eben zwangsweise möglichst schnell hinter uns bringen möchten. Die Freude an einer Tätigkeit fördert auch die Kreativität – beim Malen, Zeichnen, Gärtnern, Musizieren etc. Wenn eine Sache Spaß macht, probieren wir viel lieber etwas aus und nehmen dann auch einen Fehlschlag in Kauf. Geduld und Kreativität, die wir mit unseren Hobbys stärken, helfen uns dann auch im Beruf.

Außerdem schaffen wir uns durch das Ausüben von Hobbys schöne Erinnerungen. Es kommt nicht von ungefähr, dass Eltern ihren Kindern am liebsten Bücher und Filme vermitteln, mit denen sie selbst in ihrer eigenen Kindheit schöne Erinnerungen verbinden. Erinnerungen sind etwas sehr Mächtiges, und positive Erinnerungen sollten als kostbarer Schatz gepflegt werden. Negative Erinnerungen können uns hingegen belasten und im Extremfall sogar traumatisieren. Am besten begegnen wir negativen Erinnerungen mit positiven Erinnerungen.

Auf die richtigen Hobbys kommt es an

Nicht jedes Hobby ist für jeden Menschen gleich gut geeignet. Es ist wichtig, dass Sie ein Hobby finden, das zu Ihnen passt. Idealerweise üben Sie nicht nur ein einziges Hobby aus, sondern mehrere. Das Reiten mehrerer Steckenpferde erhöht Ihre Chancen, dauerhaft von den Vorzügen eines Hobbys zu profitieren. Dabei geht es aber nicht um schieren Aktivismus – nicht möglichst viel sollten Sie tun, sondern möglichst viel, das Ihnen Spaß macht und Freude bringt!

Um ein Hobby zu finden, das zu Ihnen passt, sollten Sie sich einfach die Frage stellen: Was liegt mir? Was interessiert mich? Was macht mir Freude? Probieren Sie ruhig verschiedene Tätigkeiten aus, bis Sie die gefunden haben, die Ihnen als Hobby geeignet scheinen. Natürlich sollte auch die Realisierbarkeit eine gewisse Rolle spielen: Die Ausübung mancher Hobbys ist so zeitaufwendig und kostspielig, dass sich ihre Umsetzung auf Dauer als echte Herausforderung erweisen kann – und vielleicht auch Ihre Möglichkeiten übersteigt. Manchmal sind auch Kompromisse möglich: Wenn Sie gerne reiten möchten, dann müssen Sie sich nicht gleich ein eigenes Pferd kaufen, sondern können sich ein Pflegepferd mieten.

Grundsätzlich ist als Hobby aber alles erlaubt, was Ihnen Freude macht. Die Frage nach dem Sinn oder einer Leistung sollte dabei nicht gestellt werden. Wenn Sie Spaß am Sammeln von Kronkorken haben, dann ist das eben so.

Kochen und Backen

Die Küche ist nicht nur zum Arbeiten da, sondern kann auch ganz wunderbar als Hobbyraum genutzt werden. Kochen und Backen sind kreative Tätigkeiten, die zum Ausprobieren einladen und Ihnen eine Menge Möglichkeiten bieten. Gerade die Weihnachtsbäckerei setzt bei Erwachsenen eine Menge positiver Erinnerungen an die Kindheit frei. Das Backen und das Kochen mit den eigenen Kindern stärken die Familienbande – und der Austausch von Gebackenem und Gekochtem mit Freunden und Bekannten kann ganz allgemein unsere sozialen Bindungen stärken. (Das hängt natürlich auch ein wenig von Ihren diesbezüglichen Fähigkeiten ab.) In jedem Fall macht es aber eine Menge Spaß, einmal ganz neue Rezepte auszuprobieren und vielleicht ein neues Geschmackserlebnis zu entdecken. Vielleicht wäre in diesem Zusammenhang auch eine Obst- oder Gemüseernte im eigenen Garten reizvoll? Aber Vorsicht vor den Pilzen – da schleicht sich schnell ein giftiger Genosse ein!

Arbeit im Garten

Der Garten ist für viele Menschen ein kleines Paradies, in dem sie Entspannung und Erfüllung zu gleichen Teilen finden. Dabei geht es natürlich nicht darum, den Preis für die schönste Orchidee zu gewinnen, sondern ganz einfach um das entspannende Naturerlebnis. Nirgendwo lässt sich besser erleben und verstehen, wie die Natur funktioniert. Und es ist ein großartiges Gefühl, wenn man eine selbst gepflanzte Tomate ernten und verzehren kann – oder sonst eben Gemüse, Obst und Kräuter. Aber schon ein wenig Blumenschmuck auf dem heimischen Balkon kann sehr zum Wohlbefinden beitragen – und zur Ausprägung der Selbstdisziplin, denn Blumen wie alle Pflanzen wollen gehegt und gepflegt sein. Die Natur gilt vielen Experten als der beste Therapeut für mannigfaltige Leiden, körperlicher wie geistiger Art.

Lesen und Hören

Das Lesen wurde zwar als wichtigstes Hobby schon lange vom Fernsehen abgelöst, ist aber immer noch sehr zu empfehlen. Es müssen keine lehrreichen Sachbücher sein: Gerade die Belletristik kann mit der Kraft ihrer Geschichten punkten, die inspirieren, bilden, begeistern und damit Kraft und Antrieb geben für den eigenen Alltag. Es kann helfen, wenn wir uns in Figuren wiederfinden und von ihnen eine wertvolle Anregung für unsere eigene Lebenssituation empfangen. Alternativ wird heute vielfach zum Hörbuch gegriffen – auch das kann sehr entspannend sein, wenn Sie einfach einmal die Augen schließen und damit entlasten. Informationen werden allerdings besser gespeichert und verarbeitet, wenn sie auf herkömmliche Weise gelesen werden. Aber bei einem Hobby geht es ja nicht in erster Linie um Leistung!

Spielen ohne Leistungszwang

Kinder spielen gerne. Aber auch für Erwachsene sind Spiele ein sinnvolles Hobby, wenn sie nicht um des Siegens willen gespielt werden. Die Freude am Spiel ist Gewinn genug. Besonders das Spielen in der Gemeinschaft entfaltet einen positiven Effekt, wenn ganz bewusst nicht die Leistung und der Erfolg in den Mittelpunkt gestellt werden, sondern eben der Spaß am Spiel und die Freude am gemeinschaftlichen Erleben. Außerdem bieten viele Spiele auch eine einfache

Möglichkeit der wichtigen körperlichen Betätigung, ohne dass dabei Trainingspläne befolgt werden müssen. Eine Kindheit ohne Spiele ist eine Kindheit ohne Glück – und das gilt vielfach auch für Erwachsene.

Sport macht glücklich

Nein, damit ist nicht die Freude gemeint, die Fans empfinden, wenn die eigene Mannschaft ein Tor schießt oder der favorisierte Sportler als Erster durchs Ziel geht. Im Mittelpunkt stehen hier vielmehr die körperliche Ertüchtigung und das Gemeinschaftserlebnis. Stress und Frustration kann man sich wirklich »herauslaufen«, und das Zusammenspiel mit anderen stärkt soziale Bindungen und das eigene Selbstwertgefühl. Sport ist außerdem gerade in der Pubertät wichtig, um mögliche Suchtgefahren so gering wie möglich zu halten: Sportlich aktive Teenager sind viel weniger anfällig für Alkohol, Nikotin und andere Drogen. Auch Menschen, die schon andere Hobbys pflegen, sollten sich für ein zusätzliches Hobby aus dem Sportbereich entscheiden – Bewegung ist einfach durch nichts zu ersetzen.

Häkeln, Nähen, Stricken & Co.

Völlig zu Unrecht werden Häkeln, Nähen, Stricken & Co. vielfach als Hobby und Tätigkeit aus Großmutters Zeit abgestempelt. Dabei ist das Klappern der Stricknadeln richtig cool und begeistert zunehmend auch junge Menschen. Handarbeiten zählen tatsächlich nicht nur zu den erholsamsten, sondern auch zu den gesündesten Hobbys: Es ist medizinisch nachgewiesen, dass Handarbeiten die Gehirntätigkeit fördert und das Risiko für Demenzerkrankungen senken kann. Auch Angstzustände werden abgemildert, mitunter aufgelöst und das Selbstbewusstsein erfährt eine Stärkung.

Singen und Musizieren sind Balsam für die Seele

Musik braucht keine Worte, sie ist die universale Sprache – sie wird auch von Herz und Seele auf Anhieb verstanden. Das Erlernen eines

Musikinstruments ist überdies auch mit starken Erfolgserlebnissen verbunden, wenn es konsequent angegangen wird: Wenn Sie Ihr Klavier, Ihre Violine oder ein beliebiges anderes Instrument so gut beherrschen, dass Sie auch schwierigere Stücke spielen können, dann ist das eine ungeheuer befriedigende Erfahrung, die Ihr Selbstwertgefühl steigert. Außerdem ist das tägliche Üben natürlich auch eine sehr gute Methode, um die Selbstdisziplin zu stärken.

Mit den Händen etwas greifen können

Die beliebtesten Hobbys sind in den letzten Jahren die, die etwas Greifbares bieten: Die Menschen sehnen sich danach, etwas mit ihren Händen zu bewerkstelligen, etwas, das sie sehen und betasten können. Das hat sicher auch damit zu tun, dass unseren digitalisierten Gesellschaften der Kontakt zum natürlichen Kreislauf abhandengekommen ist. Wir kennen nur noch fertige Produkte, die wir in unsere Warenkörbe legen, haben das Verständnis für die dahinter befindlichen Prozesse aber weitgehend verloren. Da ist es ungeheuer befriedigend, wenn wir wieder eine Arbeit sehen, die uns zu unmittelbaren Früchten bringt – und wenn es nur das Mähen des Rasens oder das Streichen einer Zimmerwand ist.

Fernsehen ist als Hobby nicht zu empfehlen

Das Fernsehen machte nicht nur aus dem Kreis der Familie einen Halbkreis, es ist auch ein schrecklicher Zeitfresser und wird von vielen Menschen trotzdem als liebstes Hobby angegeben – heute oft abgewandelt in Form des ausgiebigen Streamings bei den diversen Anbietern. Seit dem Jahr 1986 ist das Fernsehen die unangefochtene Nr. 1 unter den Hobbys. Das Fernsehen hat als Hobby den großen und entscheidenden Nachteil, dass es eine passive Tätigkeit ist: Man sitzt (oder liegt) nur da und konsumiert. Man tut nichts, man fördert nichts, man lebt eben dahin. Deshalb ist ausgerechnet das beliebteste Hobby ein Hobby, bei dem die üblichen Vorzüge der Hobbys nicht zum Tragen kommen.

Selbst die Entspannung, die das Fernsehen schenkt, ist begrenzt: Das, was wir für Erholung halten, bedeutet in Wirklichkeit Erschlaffung. Forscher sprechen sogar davon, dass das Fernsehen das Gehirn regelrecht aussaugt und uns unserer Energie beraubt. Wenn wir uns also zu fertig fühlen, um noch irgendetwas zu tun und uns deshalb vor den Fernseher setzen, dann verstärken wir damit diesen Effekt nur noch. Auch das berüchtigte Bingen, das Ansehen ganzer Fernsehserien über viele Stunden hinweg am Stück, wird von Medizinern sehr skeptisch beurteilt. Fernsehen ist gerade der Tod der Kreativität, die uns das Hobby vermitteln und stärken sollte.

Das Hobby als Beruf: ein falsches Versprechen

Hin und wieder hört man den Satz: »Ich habe mein Hobby zum Beruf gemacht.« Das scheint wie eine Königslösung zu klingen und ruft meist eine Mischung aus Bewunderung und Neid hervor. In der Praxis sind sich die Forscher allerdings nicht so sicher, dass das Hobby als Beruf wirklich eine positive Errungenschaft darstellt: Im Gegenteil: Studien und Versuche weisen darauf hin, dass es besser ist, das Hobby gerade nicht zum Beruf zu machen.

Wir Menschen sind äußerst korrumpierbare Wesen, Erfolg in Form von Geld und Macht verdirbt uns fast immer. Wenn wir unser Hobby zum Beruf machen, dann wird die Freude an der Sache früher oder später durch die in Aussicht gestellte Bezahlung zunichte gemacht oder doch wenigstens korrumpiert. Das konnte ganz konkret anhand von Studien mit Vorschulkindern belegt werden: Kinder, die für das Malen von Bildern eine feste Belohnung in Aussicht gestellt bekamen, verwendeten viel weniger Energie und Zeit für diese Tätigkeit als Kinder, die von dieser Belohnung nichts wussten und glaubten, nur für sich selbst zu malen.

Wenn es um Geld und Gewinn geht, dann bleibt die Unbeschwertheit auf der Strecke. Anstelle der reinen Freude am Hobby dominiert nun der stete Blick auf den Kontostand. Damit werden aber die vielen positiven Effekte des Hobbys aufgehoben und unwirksam gemacht. Der scheinbare Gewinn entpuppt sich in vielen Fällen als tatsächlicher Verlust.

Übrigens sind auch große Künstler nicht vor dieser Falle gefeit: Viele hoffnungsfrohe Autoren, Komponisten oder Maler haben angefangen, Kunst am Fließband zu produzieren und sich teilweise nur noch selbst zu kopieren, weil das Publikum nur an bestimmten Werken interessiert war.

Sir Arthur Conan Doyle, der Erfinder des berühmten Meisterdetektivs Sherlock Holmes, war auf seine berühmte Schöpfung schließlich so schlecht zu sprechen, dass er versuchte, ihn in einer Geschichte umzubringen. Das Publikum reagierte aber so empört und den weiteren literarischen Versuchen Doyles war im Vergleich so viel weniger Erfolg beschieden, dass er seinen Detektiv schließlich wieder von den Toten auferweckte und neue Abenteuer erleben ließ. Richtig glücklich war er damit aber nicht – er betrachtete seine Kunst nur noch als Broterwerb, nicht als Erfüllung.

Es ist also in den meisten Fällen sehr sinnvoll, Hobby und Beruf zu trennen. Denn auch der Beruf spielt für unsere Persönlichkeitsentwicklung und für das Ausüben von Selbstdisziplin eine eigene wichtige Rolle.

Welche Rolle spielt mein Beruf?

Selbstverständlich spielt auch das berufliche Umfeld eine große Rolle und prägt Ihre Persönlichkeit. Ähnlich wie bei der Ausübung von Hobbys und dem Verfolgen individueller Interessen hängt auch bei Ihrem Berufsleben viel davon ab, ob Sie eher allein arbeiten oder in eine Gruppe eingebunden sind. Gerade Menschen, die bei der Arbeit und auch sonst viel auf sich allein gestellt sind, benötigen eine Menge Selbstdisziplin.

Sie üben Ihren Beruf aus, um Ihren Lebensunterhalt zu bestreiten. Jedenfalls ist das bei den meisten Menschen so, und damit nimmt der Beruf einen gewaltigen Stellenwert ein. Der Beruf ist von großer Bedeutung für das eigene Selbstwertgefühl, denn ein Mensch, der keine Arbeit hat und sein Leben nicht aus eigener Kraft finanzieren kann, entwickelt schnell eine große Unzufriedenheit, die eine negative Auswirkung auf die eigene Persönlichkeit hat. Arbeitslosigkeit ist eine Gefahr, aber Arbeit allein macht auch nicht glücklich.

Arbeit allein macht nicht glücklich

Ein erfolgreiches Berufsleben ist für das persönliche Gleichgewicht ein entscheidender Faktor. Mit Arbeit allein ist es nicht getan, denn natürlich muss die Arbeit auch erfüllend oder wenigstens befriedigend sein. Heute ist es mitunter sehr schwierig, den eigenen »Traumberuf« zu finden – nicht nur, weil dieser vielleicht schwer zu erreichen ist, sondern weil es immer schwieriger wird, überhaupt den richtigen persönlichen Weg zu finden.

Die Vielzahl der möglichen Lebensentwürfe kann Menschen überfordern. Wenn man sich nicht mehr zurechtfindet, ist mitunter schwierig, das Leben in der Balance zu halten. Auch deshalb ist es wichtig, dass wir uns unserer Persönlichkeit, unserer eigenen Identität möglichst gewiss sind. Denn es ist gerade unsere Identität, unsere Stärken und Schwächen, die uns bei der Auswahl eines Berufs als wichtiges Kriterium dienen.

In früheren Zeiten war der berufliche Weg der meisten Menschen viel stärker vorgezeichnet. Der Beruf des Vaters spielte für die Berufswahl der Söhne eine entscheidende Rolle, die Frauen halfen mit oder kümmerten sich um den Haushalt. Diese Grenzen sind in den letzten Jahrzehnten mehr und mehr aufgebrochen worden. Und so großartig die neue Wahlfreiheit für viele Menschen auch ist: Vielen Menschen fällt es schwer, innerhalb dieser Freiheit ihren richtigen Weg zu finden.

Das hat auch Auswirkungen auf Ihre Persönlichkeit – und natürlich auf das Ausüben von Selbstdisziplin: Je unzufriedener und unsicherer Sie in Ihrem Beruf sind, desto unausgeglichener sind Sie auch als

Persönlichkeit. Der Beruf ist ein entscheidender Teil Ihrer Lebensvision. Je klarer diese Lebensvision ausformuliert ist, desto höher ist auch Ihre Chance, Ihr Leben erfolgreich zu führen und diese Vision umzusetzen.

Hier ist auch die Frage wichtig, inwieweit Sie sich mit Ihrem Beruf identifizieren können. Haben Sie Ihren Beruf aus freien Stücken gewählt oder wurden Sie in ihn hineingedrängt?

4. Die Selbstdisziplin erfolgreich stärken

Jetzt haben wir schon eine Menge über Selbstdisziplin gelernt und darüber, ob wir sie haben oder eben nicht. Ja, wir wissen sogar, dass im Prinzip jeder Mensch ein bisschen Selbstdisziplin hat. Auch wenn sie manchmal sehr verkümmert ist. Und genau das wollen wir jetzt ändern! Jetzt wollen wir uns genau anschauen, wie wir die Selbstdisziplin stärken können. Das lohnt sich auch, wenn wir eigentlich schon recht gut in Sachen Selbstdisziplin sind – denn mehr davon kann man immer gebrauchen. Außerdem gehen wir einmal davon aus, dass Selbstdisziplin bislang nicht zu Ihren Stärken zählt – sonst hätten Sie sich wohl kaum dieses Buch angeschafft, nicht wahr?

4.1. Erste Schritte

Damit man das Ziel erreicht, muss man überhaupt erst einmal mit dem Laufen beginnen. Um am Beginn eines jeden Laufes stehen die ersten Schritte. Die sind besonders wichtig und sollten nicht überhastet, sondern mit Bedacht geschehen. Sonst stolpern Sie gleich zu Beginn über Ihre eigenen Beine, und das trübt immer ein wenig die gute Laune.

Das Wichtigste, was Sie sich zu Beginn klarmachen müssen, ist Folgendes: Es geht nicht darum, dass Sie Ihr gesamtes Leben von jetzt auf gleich vollständig umkrempeln. Sie müssen und können nicht auf Anhieb von der Couch-Kartoffel zum Leistungssportler werden.

Das gilt für alle Ziele, die Sie sich setzen und für die Sie mehr Selbstdisziplin benötigen. Sie müssen sich eine vernünftige Chance geben, diese Ziele zu erreichen.

Die ersten Schritte sind immer auch kleine Schritte. Wenn Sie zu große Schritte machen wollen, gerade am Anfang, müssen Sie damit rechnen, den Halt zu verlieren – oder diesen Weg, dieses Tempo, nicht lange durchzuhalten.

4.2. Positive Einstellung / Achtsamkeit

Erfolg ist oft Kopfsache. Viele große Sportler konnten auf dem Platz ihr eigentliches Leistungsvermögen nicht abrufen, weil sie im Kopf nicht frei oder frisch genug waren. Die Gedanken mögen frei sein, aber es ist sicher besser, wenn Sie über Ihre Gedanken eine gewisse Kontrolle ausüben – und nicht jeder Idee nachgeben.

Hoffnungsvoll und optimistisch durch das Leben zu gehen, ist kein Geschenk, sondern eine Tugend, die man trainieren kann – und muss. Viele positiv gestimmte Menschen, die diese lebensbejahende Einstellung jeden Tag leben, haben diese nicht als Gabe in die Wiege gelegt bekommen, sondern sich bewusst angeeignet.

Es ist übrigens ein Trugschluss, dass Menschen mit einer positiven Einstellung niemals mit Ängsten zu kämpfen haben und alle Dinge in einem hellstrahlenden Licht sehen. Auch positiv gestimmte Menschen haben Ängste – aber sie gehen konstruktiv mit diesen Ängsten um. Das bedeutet auf keinen Fall, dass positiv denkende Menschen die negativen Gedanken und Ängste einfach ausblenden – das wäre ja nur Verdrängung und Selbsttäuschung.

Positives Denken bedeutet einen konstruktiven Umgang mit unseren Ängsten, so dass sie uns nicht lähmen und ausbremsen können. Wir ziehen unseren Ängsten den Zahn, indem wir sie nicht großwerden lassen. Wir verdrängen die bösen Gedanken nicht, sondern überwinden sie gezielt mit guten Gedanken, die wir ihnen bewusst entgegensetzen.

Leben im Hier und Jetzt

Positiv Denken wird auch Achtsamkeit genannt. Dahinter steht keine Esoterik, sondern eine kluge Überlegung: Je fokussierter und umfassender wir uns jedem Augenblick unseres Lebens widmen, desto eher gelingt es uns, ihm mit allen seinen Facetten gerecht zu werden. Denn es ist oft gerade das Unbewusste, das uns unnötig viel Kraft und Energie kostet.

Die bewusste Wahrnehmung des eigenen Selbst in jedem Augenblick, die ebenso bewusste Wahrnehmung des Fremden und die Fähigkeit zur Reflexion des Wahrgenommenen fassen wir unter dem Begriff der Achtsamkeit zusammen. Wir sind achtsam – in jedem einzelnen Augenblick. Achtsam sein, das heißt: mit allen verfügbaren Sinnen in der Gegenwart zu leben, den unmittelbaren Moment auszukosten. Das ist etwas, das nicht von selbst funktioniert, sondern trainiert werden muss.

Dieses Training lohnt sich aber, denn es gibt Ihnen einen ganz anderen Zugriff auf Ihren Alltag und damit auch auf Ihr Leben. Sie bekommen ein besseres Verständnis von allem, was Sie beschäftigt und umgibt, und können auf Stimmungen und Empfindungen Einfluss nehmen. Der Schlüssel zu allem ist Ihr Denken – und genau damit beschäftigen wir uns im nächsten Abschnitt.

Das Glück beginnt mit den Gedanken

Der etwas abgedroschene Satz »Jeder ist seines Glückes Schmied« besitzt einen wahren Kern – denn tatsächlich halten Sie einen Schlüssel zu Ihrem Glück in Ihren Händen, oder besser: in Ihrem Hirn. Ihre Gedanken haben maßgeblichen Anteil daran, wie Sie einen Tag (und eine Nacht) bestreiten und mit den Dingen umgehen, die Ihnen begegnen.

Die Macht unserer Gedanken wird sehr häufig unterschätzt. Gedanken sind frei, vor allem frei verfügbar, in großer Zahl, fliegen dahin und dorthin, kommen und gehen – kaum jemand kann sich wirklich vorstellen, welch immensen Einfluss die oft nur flüchtig verfolgten Regungen auf unser Verhalten, unsere Haltung und damit auch auf unseren Alltag haben.

Man könnte beinahe sagen: Die Gedanken sind das Lenkrad, mit dem wir unsere Richtung bestimmen. Viele Sorgen sind nur deshalb so groß, weil wir Ihnen in Gedanken unbotmäßig viel Raum geben. Oft sind diese Sorgen und Nöte gar nicht in der Realität verankert, sondern werden durch unseren Gedanken erst aufgefächert und aufgeblasen.

Wenn unsere Gedanken immer wieder um denselben Gegenstand kreisen, wird dieser plötzlich unverhältnismäßig groß und bestimmt unser Denken. Dabei kann es sein, dass die Gedanken, die wir uns über diesen Gegenstand machen, weit über die Wirklichkeit hinausgehen. Wenn wir zu negativen Gedanken neigen, dann ist das so, als würden wir mit angezogener Handbremse fahren.

Menschen mit einer negativen Einstellung kommen nur schwer voran, sie bremsen sich ständig selbst aus. Sie schwimmen ständig gegen den Strom, ob sie es nun darauf anlegen oder nicht. Aber die gute Nachricht ist: So schwer müssen Sie es gar nicht machen!

Positive Gedanken führen zu positiven Erfahrungen und Erinnerungen, und beides ist essenziell, um mit Lebensfreude und gewinnender Persönlichkeit durchs Leben zu gehen. Denn es sind zu einem guten Teil unsere Erfahrungen, die unsere Persönlichkeit prägen. Und von unserer Persönlichkeit hängt entscheidend ab, wie wir mit Situationen umgehen und wie wir auf unsere Mitmenschen wirken. Und das Schöne an der Positivität ist: Sie potenziert sich schnell. Positive Menschen machen positive Erfahrungen und positive Erfahrungen machen positive Menschen.

Positive Einstellung ist eine 24-Stunden-Sache

Eine positive Einstellung ist keine Gelegenheitsfrage, sondern ein Grundprinzip, das 24 Stunden lang gültig ist. Eine positive Einstellung beginnt am Morgen, gibt Kraft für den Tag und hilft Ihnen am Abend, erholsamen Schlaf zu finden. Das bedeutet aber auch: Es ist eben nicht gleichgültig, wie Sie Ihren Tag beginnen! Am Morgen legen Sie den Grundstein, stellen die Weichen und bringen die Sache auf den Weg.

Beginnen Sie den Tag mit einem mentalen gesunden Frühstück

Es heißt: Ein gutes Frühstück ist die wichtige und richtige Basis für den Tag. Das betrifft umso mehr Ihr Gemüt! Sie benötigen insbesondere mental ein »gutes Frühstück«, ein gesundes Frühstück. Das bedeutet: Sie sollten den Tag mit einem Müsli aus guten Gedanken beginnen. Springen Sie nicht einfach mit dem Klingeln des Weckers aus dem Bett und legen Sie los.

Der Trick dabei ist, sich nach dem Wachwerden und Aufstehen (oder auch umgekehrt) ein wenig Zeit zu nehmen. Ein paar Minuten nur, ruhig gepaart mit einer guten Tasse Kaffee. Während dieser Minuten bemühen Sie sich aktiv um ein positives Mindset. Das heißt: Machen Sie sich bewusst positive Gedanken, absolvieren Sie Atemübungen oder eine meditative Einheit.

Kurz: Kommen Sie in eine positive Stimmung! Es muss nicht gleich ein breites Grinsen sein, aber ein solches schadet auch nicht. Auf keinen Fall sollten Sie am Morgen schon grübeln oder sich über schlechte Schlagzeilen in der Presse oder negative Nachrichten in den sozialen Medien ärgern. Schieben Sie alles weg, was Ihnen die Stimmung verleiden könnte, und denken Sie bewusst positiv!

Behalten Sie das Gute im Blick und seien Sie dankbar

Ein positives Mindset hat viel mit Dankbarkeit zu tun. Dankbarkeit ist bei vielen Menschen leider aus der Mode gekommen oder bleibt für große Ereignisse reserviert. Dankbarkeit wird mit Geburtstag oder Weihnachten verbunden, wenn es besondere Geschenke gibt und man einen konkreten Anlass sieht, dankbar zu sein – und sich zu bedanken, bei dem Schenkenden nämlich.

Aber damit greifen wir zu kurz! Genauer gesagt: Wir verschenken, nein vergeuden, selbst etwas – eine großartige Gelegenheit, unser Mindset positiv zu gestalten. Dankbarkeit ist eng verbunden mit einer positiven Lebenshaltung. Wir sollten uns jeden Tag in Dankbarkeit üben, denn wir haben allen Grund dazu. Wir haben zu essen, zu trinken, ein Dach über dem Kopf, wir müssen nicht frieren.

Jetzt könnte man das einfach abtun und sagen, dass das doch im Westen selbstverständlich ist und wir nun einmal nicht in einem Entwicklungsland leben. Aber auch das ist schon ein Grund zur Dankbarkeit – denn viele Menschen beneiden uns um unseren Lebensstandard und möchten gerne in unser Land kommen, um hier zu leben. Sie wären sehr dankbar, wenn sie das dürften!

Und auch in unserem wohlhabenden Land gibt es Menschen, die kein Dach über dem Kopf haben. Es ist also in jedem Fall ein Grund, dankbar zu sein. Wir können auch dankbar sein, dass wir einen Beruf haben, mit dem wir unseren Lebensunterhalt bestreiten können. Wir können vor allem aber auch um viele kleine Dinge dankbar sein.

Eigentlich sind es gerade die kleinen Dinge, die den Schlüssel zu einem positiven Mindset darstellen. Wenn Sie sich bewusst angewöhnen, für Kleinigkeiten dankbar zu sein, zum Beispiel für die heiße Tasse Kaffee am Morgen, für das rechtzeitige Nach-Hause-Kommen im Trockenen, ehe der Regen vom Himmel fällt usw., dann haben Sie plötzlich viele Gründe, dankbar zu sein – und viele Gründe, sich zu freuen.

Seien Sie freundlich zu sich selbst und Ihren Mitmenschen

Eine ebenfalls weithin unterschätzte Tugend ist Freundlichkeit. Tatsächlich ist Freundlichkeit von großer Wichtigkeit für ein positives Mindset. Freundlichkeit können Sie in zwei Richtungen entwickeln:

nach außen und nach innen. Nach außen ist die Stoßrichtung klar, einen freundlichen Umgang mit ihren Mitmenschen werden die meisten Menschen hinbekommen, wenn sie das denn wirklich wollen.

Oft vernachlässigt wird hingegen die Freundlichkeit gegen sich selbst. Die Rede ist von dem inneren Dialog, den jeder Mensch jeden Tag führt. Dabei gilt die Grundregel: Wer nicht nett zu sich selbst ist, der tut sich auch schwer damit, nett zu seinen Mitmenschen zu sein. Dabei bedeutet nett zu sich selbst sein natürlich nicht, sich in ständiger Selbsttäuschung zu ergehen – wir haben schon von diesem Thema gehört.

Wenn Sie authentisch freundlich sein möchten, dann kommen Sie nicht darum herum, diese Freundlichkeit zuallererst sich selbst zu erweisen. Das schließt Selbstkritik nicht aus – aber auch die kann freundlich und wohlwollend ausfallen. Sie werden staunen, wie positiv es sich auswirkt, wenn Sie freundlich zu sich selbst sind.

Pflegen Sie das Gute in Ihrem Leben

Kennen Sie das Märchen von Aschenputtel? Da gibt es eine bemerkenswerte und ikonische Szene, in der das Aschenputtel die guten und schlechten Körner sortiert. Die guten kommen ins Töpfchen, die schlechten ins Kröpfchen – sie werden aussortiert. Daraus leitet sich eine wichtige Faustregel für Ihr Leben und Ihren Alltag ab, denn auch Sie müssen unbedingt die guten Körner aussortieren.

Das gilt für Dinge ebenso wie für Menschen. Pflegen Sie das Gute und meiden Sie das Schlechte, soweit Ihnen das möglich ist. Es gibt Beziehungen, die Ihnen einfach nicht guttun, die Sie nicht weiterbringen, die Sie ausbremsen und die Ihnen schaden. Diese Beziehungen sollten Sie so weit wie möglich aus Ihrem Leben verbannen. Nicht jeder Kontakt verdient es, gepflegt zu werden! Sie merken doch selbst, wer Ihnen guttut und wer Ihnen schadet. Ziehen Sie daraus die nötige Konsequenz!

Es gibt unzählige Dinge, mit denen Sie sich beschäftigen und die Ihnen mehr schaden als nützen. Manchen dieser Dinge können Sie nicht aus dem Weg gehen. Aber in vielen Fällen spielen Sie ganz ohne Not den Katastrophen-Tourist! Treten Sie den negativen Dingen auf die Füße, packen Sie sie am Schlafittchen und setzen Sie sie vor die Tür.

Es liegt in der Natur des Menschen, dass wir negativen Dingen viel mehr Zeit und Einfluss einräumen als positiven Dingen. Das lässt sich schon an den Schlagzeilen der Zeitungen ersehen: Was lockt die Leser an? Katastrophen und Sensationen. Im Internet hat sich eine ganze Industrie darauf spezialisiert, auch die unwichtigsten Meldungen noch so spannend und reißerisch zu verpacken, dass möglichst viele Menschen sich dazu verführen lassen, auf die Nachricht zu klicken. Clickbait nennt man diese Technik, und sie ist ebenso verpönt wie verbreitet.

Wenn Sie den Dingen einfach ihren Lauf lassen, dann werden Sie feststellen, dass auch Sie sich vorwiegend mit negativen Eindrücken belasten. Das Gute gerät schnell unter die Räder oder wird als Selbstverständlichkeit angesehen, der man keine große Aufmerksamkeit schenkt. Sie müssen sich also immer wieder bewusst für die positiven Dinge entscheiden und diese aktiv in den Mittelpunkt Ihrer Gedanken und Betrachtungen stellen.

Was hat das mit Selbstdisziplin zu tun?

Auch eine positive Einstellung hat in einem doppelten Sinn sehr mit Selbstdisziplin zu tun. Zum einen benötigen Sie Selbstdisziplin, um negativen Gedanken immer gleich die »Tür« zu weisen, sie nicht zu denken, ihnen nicht zu folgen, nicht darüber nachzusinnen.

Zum anderen macht Ihnen eine positive Einstellung das Leben deutlich leichter – und das gilt auch in Bezug auf die Selbstdisziplin. Je positiver gestimmt Sie sind, desto mehr sind Sie auch mit sich selbst im Reinen und desto disziplinierter können Sie zu Werk gehen. Es leuchtet ein: Unruhe und Negativität sind Ballast, der erst einmal bewältigt werden muss.

Selbstdisziplin braucht eine gewisse Balance. Wenn Sie sich aber umtreiben und ablenken lassen, dann fällt Ihnen genau diese Balance sehr schwer. Sie müssen so weit wie möglich mit sich im Reinen sein, um Ihre vorhandenen Ressourcen umfassend auszunutzen. Sie müssen sich selbst gut kennen, um diese Balance zu erreichen – Ihren Körper und Ihren Geist. Dazu gehört auch Ihre innere Uhr, über die wir im nächsten Kapitel sprechen wollen.

4.3. Die innere Uhr

Heute braucht niemand mehr unbedingt eine Uhr am Handgelenk, für die korrekte Zeitangabe – so man sie überhaupt wissen möchte – genügt ein funktionierendes Smartphone. Viel wichtiger als die äußere Uhr ist aber die innere Uhr. Denn wenn Ihre innere Uhr außer Takt gerät, dann hilft Ihnen auch die äußere Uhr nicht mehr weiter – dann sind Sie einfach irgendwie immer zu spät dran.

Damit Sie selbstdiszipliniert Ihren Alltag angehen können, benötigen Sie eine gesunde Tages- und Nachtstruktur. Das bedeutet: Ihre innere Uhr braucht einen verlässlichen Rhythmus, auf den sie sich einstellen kann. Andernfalls ist Ihr Körper ständig damit beschäftigt, die zahlreichen Unregelmäßigkeiten auszugleichen – und das ist ein sehr kräftezehrendes Unterfangen, das es Ihnen erschwert, Selbstdisziplin an den Tag zu legen.

Was verstehen wir unter unserer inneren Uhr?

Alle Lebewesen auf dieser Erde besitzen eine innere Uhr. Die innere Uhr ist kein Bild und kein Symbol, sondern eine biologische Tatsache. Wir Menschen besitzen eine innere Uhr, aber auch die Tiere und sogar die Pflanzen werden von ihrer inneren Uhr gelenkt. Während aber Tiere und Pflanzen in der Regel keine Chance haben, sich ihrer inneren Uhr zu widersetzen, sieht das bei uns Menschen anders aus.

Wir Menschen können gegen unsere innere Uhr handeln – und das ist ein Verhängnis.

Die innere Uhr des Menschen ist besonders komplex, sie sitzt in jeder einzelnen Zelle. Die wichtigste innere Uhr hat ihren Sitz aber in unserem Gehirn. Alle unsere inneren Uhren – denn streng genommen sind es tatsächlich mehrere – werden unablässig miteinander abgeglichen und synchronisiert. Das ist ein äußerst komplexes und beeindruckendes System, von dem wir gar nichts mitbekommen.

Wobei das nicht ganz richtig ist: Wenn wir uns dauerhaft gegen unsere innere Uhr stellen, dann wirkt sich das durchaus spürbar aus. Denn unsere innere Uhr ist nicht einfach nur ein Zeitmesser. Sie regelt unsere körpereigene Chronologie, unseren biologischen Rhythmus. Viele überlebenswichtige Vorgänge in unserem Körper stehen in entscheidendem Zusammenhang mit unserer inneren Uhr.

Die innere Uhr ist der entscheidende Taktgeber

Die innere Uhr ist weit mehr als nur ein nettes biologisches Feature. Sie ist ein entscheidender Taktgeber, auf den wir unbedingt hören sollten. Wenn wir unsere innere Uhr ignorieren und auf lange Sicht gegen sie leben, dann kann das verheerende Folgen für unsere Gesundheit haben.

Das Problem mit der Zeitumstellung

Eine Pflanze weiß dank ihrer inneren Uhr, wann Tag und wann Nacht ist – sie hat ja schließlich keine Augen, mit denen sie zwischen Licht und Dunkelheit unterscheiden könnte. Wir Menschen sehen zwar, wann die Sonne aufgeht und wann sie wieder verschwindet, aber auch wir besitzen eine innere Uhr, die unabhängig von unseren Augen funktioniert und die ebenfalls weiß, wann Wach- und Schlafenszeit ist.

Deshalb tun wir uns mit der zweimaligen jährlichen Zeitumstellung auch so schwer: Wenn wir die äußere Uhr eine Stunde vor- oder zurückstellen, dann handeln wir damit gegen unsere innere Uhr. Sie kennen doch auch dieses Gefühl, dass man nach der Zeitumstellung völlig außer Takt geraten ist! Ärzte und Forscher sind sich einig, dass diese fortgesetzte Missachtung unserer inneren Uhr ein äußerst ungesundes und riskantes Unterfangen ist.

Manchmal wird die Selbstdisziplin dazu missbraucht, gegen die innere Uhr zu verstoßen – wie im Falle der Zeitumstellung. Ohne Selbstdisziplin kommen wir in dieser Zeit oft nicht pünktlich aus den Federn, aber eigentlich sollten wir im Einklang mit der inneren Uhr leben, nicht gegen sie.

Missbrauch mag ein starkes Wort sein, und im konkreten Fall bleibt uns ja oft auch keine andere Wahl, aber es ist wichtig, zu verstehen, dass Selbstdisziplin nicht dazu da ist, um *gegen* unseren Körper zu handeln. Die Selbstdisziplin soll uns dabei helfen, unsere Bequemlichkeit zu überwinden und damit auf lange Sicht unserem Körper und unserer Gesundheit Gutes zu tun.

Morgenstund' hat nicht immer Gold im Mund

Es ist kein Geheimnis, dass es Menschen gibt, denen das frühe Aufstehen leichter fällt als anderen. Der Schulunterricht beginnt hierzulande sehr früh, was immer wieder von Wissenschaftlern infrage gestellt wird – zahlreiche Experten plädieren für einen späteren Unterrichtsbeginn, um den Schülern das wichtige Lernen zu erleichtern, um den Schulalltag in Einklang mit der inneren Uhr zu bringen.

Denn der vielzitierte Satz: »Morgenstund' hat Gold im Mund«, gilt keineswegs für jeden. Die innere Uhr des Menschen tickt nämlich nicht bei jedem im selben Rhythmus. Es gibt tatsächlich Menschen, die früher aufstehen, und Menschen, die länger schlafen. Das ist ganz normal und kein Problem. Ein Problem entsteht erst, wenn Menschen ihrem angeborenen Rhythmus nicht folgen dürfen. Denn die innere Uhr liegt bei uns allen in den Genen. Wir können nichts dafür, ob wir Frühaufsteher oder Langschläfer sind. Deshalb sind Vorwürfe à la Faulpelz völlig fehl am Platz.

Bei Menschen, denen es leichtfällt, früh aufzustehen, geht die innere Uhr etwas schneller als bei Menschen, die es vorziehen, länger zu schlafen. Das ist eben so und kann nicht geändert werden. Wir müssen stattdessen lernen, unsere innere Uhr zu lesen und nach ihr zu leben. Denn, wenn wir dauerhaft gegen unsere innere Uhr handeln, dann kann das schwerwiegende gesundheitliche Schäden mit sich bringen.

Selbstdisziplin sollte im Einklang mit der inneren Uhr entwickelt werden und nicht dazu dienen, die innere Uhr zu überwinden und ihren Rhythmus auszuhebeln. Nur im Einklang mit unserer inneren Uhr können wir unsere Möglichkeiten voll ausschöpfen und ein hohes Maß an Produktivität entwickeln. Ein Teil des schlechten Rufs, den Disziplin mitunter genießt, hat damit zu tun, dass sie oft dazu missbraucht wird, Menschen gegen ihren inneren Rhythmus leben zu lassen.

Gesund leben im Einklang mit der inneren Uhr

Es ist gar nicht so einfach, im Einklang mit der inneren Uhr zu leben. Oft sind wir uns unserer inneren Uhr gar nicht bewusst, manchmal können wir unseren biologischen Rhythmus nur schwer erkennen. Hinzu kommt, dass wir natürlich auch immer äußeren Zwängen unterworfen sind, die keineswegs immer die Rücksichtnahme auf unsere innere Uhr als erstes Prinzip befolgen.

Wenn Sie sich nicht sicher sind, welche Art Biorhythmus Sie besitzen – Frühaufsteher oder Langschläfer, Lärche oder Eule –, dann können Sie einen einfachen Test absolvieren. Im Internet gibt es beispielsweise entsprechende Formulare zum Download bzw. Anleitungen, die Ihnen dabei helfen, Ihre Ausrichtung zu ermitteln.

Wenn es Ihr Arbeitsplatz erlaubt, dann sollten Sie Gleitzeiten nutzen, um sich Ihrem natürlichen Schlafrhythmus so weit wie möglich anzunähern. Achten Sie darauf, dass Sie Ihre Termine so verteilen, dass Ihnen genügend Zeit zum Schlafen bleibt. Schlaf ist von essenzieller Bedeutung für ein gesundes und gelingendes Leben, und ausreichend

Schlaf bekommen Sie nur, wenn Sie auf die Ausrichtung Ihrer inneren Uhr eingehen.

Deshalb sollten Sie alles vermeiden, was Ihre Schlafphase beeinträchtigt. Vor dem Schlafengehen sind alkoholische Getränke ebenso tabu wie Zigaretten (Nikotin) und Kaffee (Koffein). All diese Substanzen üben eine negative Wirkung auf Ihre Schlafqualität aus. Auch auf schwere Mahlzeiten sollten Sie tunlichst verzichten – am besten essen Sie drei Stunden vor dem Schlafengehen nichts mehr.

Der Abend ist die Zeit, zu der es dunkel wird – so verhält es sich in der Natur, und so sollten Sie es auch für sich selbst übernehmen. Wir besitzen heute praktisch unerschöpfliche Möglichkeiten, die Dunkelheit zu überwinden und alles hell zu erleuchten. Für unsere gesunde Schlafphase ist das aber pures Gift. Deshalb gilt: Am Abend sollten Sie auf gedämpftes Licht setzen, damit Ihr Körper schon vor dem eigentlichen Zubettgehen ganz langsam seine Systeme herunterfahren kann. Es ist quasi nicht möglich, direkt von einem Augenblick zum anderen vom Wach- in den Schlafmodus umzuschalten – der Körper braucht eine Übergangsphase. Meiden Sie deshalb helles Licht vor dem Schlafengehen.

Am Morgen sieht es dagegen gerade andersherum aus: Hier brauchen Sie möglichst viel Licht, damit der Körper seine Funktionen zu voller Leistungsbereitschaft hochfahren kann. Das Licht wirft die zentrale innere Uhr in unserem Gehirn an und sorgt dafür, dass wir mit Energie in den neuen Tag kommen. Wenn Sie schon früh aufstehen müssen, dann könnten Sie anstelle eines gewöhnlichen Weckers einen Lichtwecker einsetzen – der simuliert in Ihrem Schlafzimmer einen allmählichen Sonnenaufgang und lässt Sie so möglichst schonend und auf natürliche Weise in den neuen Tag gleiten. Das ist allemal besser, als sich von einem schrillen Klingen aufschrecken zu lassen.

Übrigens ist das Bedürfnis des menschlichen Organismus nach Licht auch ein Grund dafür, warum Wissenschaftler davon abraten, dauerhaft auf die Sommerzeit umzustellen: Wir wären im Winter dann wesentlich länger der Dunkelheit ausgesetzt. Die Winterzeit, obwohl weniger beliebt, entspricht eigentlich unserer inneren Uhr am ehesten.

Zwischen dem Abend und dem Morgen sollten Sie allerdings auf jedes Licht verzichten. Hier ist Dunkelheit die beste und richtige Lösung. Dazu gehören auch Lichtquellen außerhalb Ihres Schlafzimmers – zum Beispiel Straßenlaternen, die von draußen in Ihr Schlafzimmer scheinen. Ziehen Sie die Vorhänge zu, lassen Sie die Rollläden herunter, sorgen Sie für möglichst absolute Dunkelheit. Nur im Dunkeln lässt sich ein wirklich erholsamer Schlaf finden.

4.4. Kommunikation ist der Schlüssel zum Erfolg

Reden ist Silber, Schweigen ist Gold, heißt es. Aber das vergessen wir mal schnell. Denn Schweigen an der falschen Stelle kann ziemlich nach hinten losgehen. Das betrifft Sie selbst ebenso wie Ihr Umfeld. Kommunikation findet auf vielen Ebenen statt, und richtig eingesetzt, kann sie eine gesunde und wohltuende Auswirkung auf Ihr Leben und auf Ihre Selbstdisziplin haben.

Zu einer gelingenden Kommunikation zählen so profane Dinge wie eine einfache Aussprache. Es kann ungemein hilfreich sein, sich bestimmte und belastende Angelegenheiten einfach einmal »von der Seele zu reden«. Das schafft neue Freiräume und Atemluft, die benötigt werden, um Selbstdisziplin an den Tag zu legen und anfallende Aufgaben zu bewältigen.

Vor allem aber ist Kommunikation entscheidend für die Weitergabe von Informationen. Wussten Sie, dass Kommunikation die schnellste Methode ist, um wichtige Informationen weiterzugeben? Mit der richtigen Kommunikation können Sie Spannungen entschärfen und Konflikte lösen, bevor sie wirklich an Fahrt aufnehmen.

Man kann sogar noch weitergehen und festhalten: Gescheiterte Projekte besitzen häufig eine entscheidende Gemeinsamkeit – ihnen mangelte es an der richtigen Kommunikation. Viele Schwierigkeiten und Missverständnisse hätten sich durch eine funktionierende Kommunikation verhindern lassen.

Ohne eine vernünftige und überzeugende Kommunikation ist beruflicher Erfolg undenkbar. Kommunikation ermöglicht geschäftliche Abschlüsse und ein harmonisches Miteinander im Kollegenkreis. Dass Kommunikation der Schlüssel zum Erfolg ist, gilt als Allgemeinplatz und wird praktisch überall anerkannt. Aus dieser grundlegenden Erkenntnis aber die richtigen Schlüsse zu ziehen und gute Kommunikation im Alltag anzuwenden, ist oft gar nicht so einfach. Gute und vor allem kluge Kommunikation bedeutet nämlich nicht einfach nur: freundlich sein.

Was verstehen wir unter einer gelungenen Kommunikation?

Kommunikation geht nicht ohne Ziel und Zweck vonstatten. Kommunikation soll Konkretes bewirken und erreichen. Kommunikation dient zuallererst, aber keineswegs ausschließlich der Verständigung. Wissen soll geteilt, Informationen vermittelt werden. Durch Kommunikation sorgen wir dafür, dass die Gesprächspartner auf demselben Stand sind und alle wissen, worum es geht. Auf diese Weise lässt sich auch die Fehlerquote senken, weil eine klare Kommunikation dabei hilft, Missverständnisse und Irrtümer zu vermeiden.

Eine gelungene Kommunikation dient aber auch der Pflege des Arbeitsklimas: Wer den richtigen Ton trifft, sorgt für gute Stimmung und nicht zuletzt für eine hohe Motivation in der Arbeitsgruppe. Motivation ist ein wichtiger Punkt, wenn es um Erfolg geht. Das gewünschte »Wir-Gefühl« lässt sich vor allem durch eine gute Kommunikation erreichen. Dadurch wird auch die Zufriedenheit im Team gesteigert und die Produktivität verbessert. Das Stresslevel wiederum ist in der Folge niedrig und es bieten sich weniger Reibungsflächen und Konfliktmöglichkeiten.

Kurz und salopp gesagt: Eine gelungene Kommunikation hält den Laden am Laufen und die Mitarbeiter bei Laune. Es lohnt sich also unbedingt, ein Augenmerk auf die Kommunikation zu richten. Dabei ist es wichtig, dass wir die Kommunikation in ihrer Gesamtheit betrachten – denn Kommunikation geschieht keineswegs nur über die Sprache.

Kommunikation geschieht nicht nur über die Sprache

Wenn wir von Kommunikation sprechen, dann meinen wir in den meisten Fällen genau das: sprechen. Es ist aber wichtig, dass wir uns vergegenwärtigen, auf wie vielen Ebenen Kommunikation tatsächlich funktioniert. Unsere Körpersprache hat einen wichtigen Anteil an unserer Kommunikation. Ob wir lächeln, die Arme vor der Brust verschränken, unserem Gegenüber ins Auge schauen oder dem direkten Blickkontakt eher aus dem Weg gehen – all das hat mit Kommunikation zu tun.

Kommunikation findet auf mehreren Ebenen statt

Kommunikation besitzt in der Regel vier Ebenen, die Sie alle ansprechen, ohne sich dessen wirklich bewusst zu sein. Dieses Bewusstsein gilt es, zu schärfen, denn je genauer Sie wissen, wie Ihre Kommunikation funktioniert, desto präziser können Sie Ihre Kommunikation lenken. Bewusste und gesteuerte Kommunikation gibt Ihnen die Kontrolle und erlaubt Ihnen das Erreichen Ihrer Ziele. Und natürlich hat die Kontrolle Ihrer Kommunikation auch mit Selbstdisziplin zu tun.

Zunächst gibt es die Sachebene. Die Sachebene umfasst die objektive Aussage, den rein sachlichen Inhalt. Diese Ebene ist die am einfachsten zu fassende, denn sie wird immer bewusst angesteuert – schließlich machen Sie sich normalerweise doch sehr wohl darüber Gedanken, was Sie eigentlich sagen möchten, und wählen eine entsprechende Formulierung.

Dann gibt es die Appellseite Ihrer Kommunikation. Über diese sind Sie sich vielleicht manchmal bewusst, wenn Sie eine Aussage treffen, die mit einer Aufforderung bzw. einer Erwartung an Ihr Gegenüber verbunden ist. Aber tatsächlich ist Ihre Kommunikation immer mit einem solchen Appell verbunden, selbst wenn auf der Sachebene ein solcher gar nicht enthalten ist. Aber grundsätzlich ist es einfach so, dass Sie mit jeder Form der Kommunikation auch einen Adressaten erreichen wollen – und dies mit bestimmten Erwartungen verbinden.

Die dritte Ebene ist die der Selbstkundgabe: Wenn Sie kommunizieren, geben Sie dabei auch immer etwas über sich selbst preis. Das geschieht keineswegs immer bewusst auf der Sachebene, sondern oft auch unbewusst über Körpersprache und Mimik. Ihre Persönlichkeit, Ihre Haltung, Ihre Gefühle wirken sich immer auf Ihre Kommunikation aus. Sie senden hier Signale, derer Sie sich in vielen Fällen gar nicht bewusst sind.

Die vierte Ebene ist die Beziehungsebene. Ob Sie das wollen oder nicht: Ihre persönliche Einschätzung Ihres Gegenübers spielt ebenfalls in die Art Ihrer Kommunikation hinein. Das bedeutet nicht, dass Sie ganz offen zum Ausdruck bringen, was Sie über Ihren Gesprächspartner denken – das wäre ja dann wieder die Sachebene. Aber es gibt viele kleine Faktoren, die einem Kenner der Gesetze der Kommunikation möglicherweise erschließen, dass Sie Ihr Gegenüber nicht mögen – oder auch sehr schätzen. Ein Beispiel dafür ist das Flirten: Wir wissen alle, dass dabei neben dem eigentlich Gesagten auch eine Abfolge körperliche Signale zum Einsatz kommt.

Machen Sie sich diese vier Ebenen bewusst und überdenken Sie Ihre Kommunikation unter der Berücksichtigung dieser wichtigen Aspekte. Das ist kein Grund, in einem Gespräch zu verkrampfen, und auf gar keinen Fall sollten Sie jetzt zwanghaft versuchen, diese unterschiedlichen Ebenen bewusst anzusprechen. Aber schon das geschärfte Bewusstsein für die vier verschiedenen Ebenen wird Ihnen dabei helfen, Ihre Art zu kommunizieren besser zu verstehen und transparenter zu gestalten.

Nonverbale Kommunikation ist ein mächtiges Werkzeug

Die nonverbale Kommunikation ist ein wichtiges und einflussreiches Werkzeug, und wir sollten uns ihrer bewusst sein. Die nonverbale Kommunikation kann schuld daran sein, wenn eine Aussage bei unserem Gegenüber nicht so ankommt, wie wir sie eigentlich gemeint haben. Im Schriftverkehr hat sich inzwischen zumindest in der digitalen Welt vielfach der Smiley eingebürgert. Der Smiley hilft dabei, unserer Botschaft die richtige Konnotation zu geben. Eigentlich ist der Smiley aber nichts anderes als ein Ersatz für die Körpersprache, die wir auch sonst immer im Gespräch anwenden.

In der Kommunikationswissenschaft spricht man hier vom sogenannten Sender-Empfänger-Modell. Eine bestimmte Botschaft wird vom Sender codiert, das heißt, in Worte, Tonlage, Gestik, Mimik und Ähnliches verpackt. Der Empfänger muss dieses Gesamtpaket dann wieder decodieren. Es liegt auf der Hand, dass bei diesem doppelten Prozess auch etwas schiefgehen kann. Deshalb müssen Sie wissen, wie Sie die Dinge so verpacken, dass der Inhalt im gewünschten Ton ankommt. Diese Eigenschaft nennt man Kommunikationsfähigkeit.

Nicht jeder kommunikative Mensch ist auch kommunikationsfähig

Die Begriffe kommunikativ und kommunikationsfähig werden gerne synonym gebraucht, das ist aber falsch. Ein kommunikativer Mensch ist ein Mensch, der sich gerne unterhält. Wenn Sie gerne viele Nachrichten schreiben (und auch lesen), wenn Sie sich gerne und ausgiebig mit anderen unterhalten und Dinge intensiv besprechen und auch über das Gespräch verarbeiten, dann sind Sie in jedem Fall kommunikativ. Das sagt aber noch nichts über Ihre Kommunikationsfähigkeit aus.

Auch äußerst kommunikative Menschen können an Inhalt und Ziel vorbeireden und ihren Mitmenschen auf die Nerven fallen. Kommunikative Menschen können das Betriebsklima schädigen, die Motivation der Kollegen dämpfen und – so paradox das klingt – die Kommunikation in der Firma erschweren. Jedenfalls dann, wenn sie nicht über eine ausreichende Kommunikationsfähigkeit verfügen. Stellen Sie sich einen begeisterten Heimwerker vor, dem die fachliche Kompetenz und das richtige Werkzeug fehlen. Ein solcher Heimwerker kann trotz fortgesetztem Einsatz mehr Schaden anrichten als Gutes bewirken.

Vor diesem Hintergrund ist es wichtig, dass Sie wissen, wie Sie Ihre Mittel zur Kommunikation richtig einsetzen. Die Ihnen zur Verfügung stehenden Kommunikationsmittel sind nicht einfach nur ein paar beliebige und austauschbare Werkzeuge. Die Wahl Ihrer Kommunikationsmittel entscheidet oft schon über den Verlauf und den Erfolg eines Diskurses.

Kommunikation schließt immer die Konfliktbewältigung mit ein

Die Königsdisziplin der Kommunikation ist sicher die Konfliktbewältigung. Niemand mag gerne Konflikte, und viele Menschen gehen diesen gerne aus dem Weg. Es liegt aber auf der Hand, dass die Verweigerung von Konflikten auf Dauer mehr Probleme schafft als löst. Ungelöste Konflikte schwelen vor sich hin und drohen früher oder später an die Oberfläche zu drängen und zu eskalieren. Deshalb ist es immer besser, wenn Sie einen sich abzeichnenden Konflikt möglichst frühzeitig lösen. Das geht nur über eine gesunde Kommunikation.

Es ist gar nicht Sinn der Sache, dass in einem Gespräch alle Teilnehmer einer Meinung sind. Das ist im Gegenteil wenig befruchtend. Nicht umsonst heißt es, man solle den Raum wechseln, wenn alle einer Meinung sind. Damit aber ein sinnvoller Austausch von Standpunkten möglich ist, wird eine gesunde Kommunikationsfähigkeit benötigt – denn Konflikte ohne vernünftige Kommunikation zu lösen, ist ein Ding der Unmöglichkeit. Selbst nach Kriegen ist mit dem Sieg der einen Partei und der Niederlage der anderen der Konflikt längst nicht gelöst. Nur kluge Verhandlungen im Nachgang können den Boden für eine künftige Friedenszeit bereiten – und dazu braucht es wieder Kommunikation statt Kanonen.

Kommunikation als Konfliktbewältigung setzt Offenheit voraus, die Bereitschaft, dem Gegenüber entgegenzukommen und auf der Sachebene auf seine Argumente einzugehen. Damit das gelingt, benötigen Sie vor allem auch ein vernünftiges Stressmanagement, damit Sie in der kommunikativen Auseinandersetzung die nötige Ruhe bewahren und auch ausstrahlen können. Denn eines sollten Sie auf jeden Fall vermeiden: durch unzureichende Kommunikation zusätzliche Hektik in ein Gespräch zu bringen. Auch hier ist es nicht zuletzt eine Frage der Selbstdisziplin, beherrscht zu bleiben, nicht auf jeden Köder anzuspringen und den eigenen Standpunkt sachlich zu verteidigen.

Ein ganz wichtiger Punkt: Erfolgreiche Kommunikation in einem Konflikt bedeutet nicht, dass Sie aus diesem Konflikt als Sieger hervorgehen. Ein erfolgreicher Diskurs kann auch dazu führen, dass Sie Ihren Horizont erweitern und die Argumente der anderen Seite wenigstens zu einem Teil annehmen können. Das setzt aber voraus, dass eine vernünftige Kommunikation stattfindet, idealerweise von beiden Seiten.

Die beste Konfliktlösung ist übrigens die Vermeidung eines Konflikts. Hier muss aber unterschieden werden zwischen einem verdrängten Konflikt, der unaufgelöst im Raum schwebt, wie wir ihn zu Beginn dieses Abschnittes schon thematisiert haben, und einem Konflikt, der erst gar nicht entsteht. Viele Konflikte sind an sich völlig unnötig und würden sich durch eine vernünftige Kommunikation vermeiden lassen. Wie oft hört man nach einem Streit: Man hätte öfter oder früher miteinander reden sollen. Das ist wahr, aber genauso gilt: Man hätte auch unbedingt richtig miteinander reden sollen!

Wenn Sie sich konsequent einer konstruktiven und respektvollen Kommunikation bedienen, dann ist in vielen Fällen ein vernünftiger Austausch möglich, der einen Konflikt erst gar nicht zum Ausbruch kommen lässt. Eine Garantie dafür gibt es nicht, aber die Art und

Weise, wie Sie problematische Dinge ansprechen, trägt entscheidend dazu bei. Mehr zu diesem Thema finden Sie in dem Unterkapitel *Verallgemeinerungen und persönliche Angriffe vermeiden*.

Ihr kommunikatives Verhalten muss Ihrer Rolle entsprechen

Es ist eigentlich eine Selbstverständlichkeit, aber der Vollständigkeit halber wollen wir es trotzdem aufführen: Ihr kommunikatives Verhalten muss natürlich Ihrer Rolle entsprechen. Wenn Sie als Untergebener mit Ihrem Chef sprechen, dann ist eine andere Form der Kommunikation gefragt, als es unter gleichgestellten Kollegen der Fall ist. Auch wenn Sie selbst Chef sind und mit Ihren Angestellten sprechen, ist der Ton ein anderer.

Warum ist es so wichtig, dass Sie sich Ihrer Rolle bewusst sind? Weil es Ihnen nur so möglich ist, Ihre Rolle glaubhaft zu »spielen«. Das heißt: die Ihnen zugedachte Position auszufüllen. Wenn Sie sich Ihrer Rolle unsicher sind oder Sie sich mit Ihrer Rolle ganz grundsätzlich unwohl fühlen, dann wird sich das auch auf Ihre Kommunikation auswirken – und zwar nicht zum Besseren. Im Gegenteil: Ihre wichtige Glaubwürdigkeit wird unter einem solchen Zustand leiden.

Erfolgreiche Kommunikation findet auf Augenhöhe statt

Ob es sich um einen echten Konflikt handelt oder nur um ein normales Gespräch: Gute Kommunikation sollte immer auf Augenhöhe stattfinden. Das gilt in jeder Situation und in jeder Rolle: Begegnen Sie Ihrem Gegenüber mit spürbarem Respekt und respektieren Sie ihn als gleichwertigen Menschen mit seinen jeweiligen Ansichten und Überzeugungen. Das ist ganz sicher nicht immer einfach, ist aber die unverzichtbare Voraussetzung für eine gelingende Kommunikation.

Das Prinzip der Augenhöhe gilt immer: Wenn Sie Chef sind und mit einem Untergebenen sprechen, dann zeigen Sie ihm Respekt und signalisieren Sie Interesse an seinen Ansichten. Wenn Sie selbst in der Rolle des Untergebenen sind, dann zeigen Sie sich ebenfalls respektvoll, aber keinesfalls unterwürfig. Es ist Ihr gutes Recht, Ihre Position zu vertreten, und Sie sollten das mit großer Ruhe und Sachlichkeit tun. Natürlich ist die Entscheidungsgewalt in der Regel klar verteilt und muss respektiert werden – das heißt aber nicht, dass Sie Ihren Standpunkt vorbehaltlos aufgeben müssen.

Machen Sie sich vor jedem Gespräch klar: Sie sind nicht unter Feinden. Egal, wie Ihr Gegenüber zu Ihnen steht: Sie sind nicht sein Feind, er ist nicht Ihr Feind, soweit es Sie selbst betrifft. Bewahren Sie immer die Ruhe und den Respekt. Das gilt auch dann, wenn völlig klar ist, dass Ihr Gegenüber einen Fehler gemacht hat und Sie die betreffende Sache wirklich besser wissen. Wählen Sie gerade in diesem Fall respektvolle Formulierungen und vermeiden Sie es, von oben herab zu sprechen und Ihren Gesprächspartner geringschätzig zu behandeln. Sie möchten die Menschen mitnehmen und nicht belehren!

Es ist kein Zeichen für eine erfolgreiche Kommunikation, wenn Ihr Gesprächspartner unterwürfig reagiert und Ihnen nicht länger widerspricht. Sie riskieren in diesem Fall eine Abstimmung mit den Füßen. Wenn sich Ihr Gesprächspartner zurückzieht, ist das kein Sieg, sondern eigentlich eine Niederlage – denn Sie haben zwar den Konflikt im Augenblick gewonnen, aber Ihr Gegenüber verloren. Das ist vor allem dann ein Nachteil, wenn sie weiter zusammenarbeiten müssen.

Damit Ihnen eine Kommunikation auf Augenhöhe gelingt, ist Ihre innere Haltung entscheidend. Der Respekt, den Sie Ihrem Gegenüber zeigen wollen, beginnt bei Ihrer inneren Haltung. Wenn Sie Ihren Gesprächspartner geringschätzen, dann wird sich das unmerklich auch auf Ihre Kommunikation auswirken.

Verallgemeinerungen und persönliche Angriffe unterlassen

Gute Kommunikation kommt immer ohne Verallgemeinerungen und persönliche Angriffe aus. Beides vergiftet nur das Klima und bringt den Diskurs nicht voran. Dazu gehören Pauschalaussagen, die auch in jeder Beziehung von Paartherapeuten zu Recht als »Gift« stigmatisiert werden: »Du kommst *immer* zu spät! *Immer* machst du *alles* falsch!« Diese Aussagen verselbstständigen sich irgendwann und prägen die Persönlichkeit des Adressaten.

Das gilt übrigens schon für die Kommunikation im Kindesalter. Eltern, die ihre Kinder auf diese Weise kritisieren, sorgen ungewollt dafür, dass sich bestimmte Schwächen dauerhaft verfestigen. Das ist sicher nicht im Sinne des Erfinders! Es ist aber auch bei Erwachsenen wichtig, dass Sie niemanden in eine bestimmte Ecke »abschieben«, aus der er dann nicht mehr herauskommt. Sie kennen sicher das Bild von dem in die Enge getriebenen Tier, das wild um sich schlägt und beißt. Wir Menschen sind in solchen Situationen nicht viel anders.

Neben Verallgemeinerungen sind es vor allem persönliche Angriffe, die eine gute Kommunikation unmöglich machen und auch jede konstruktive Konfliktlösung vereiteln. Es gilt der Grundsatz: Trennen Sie die Tat vom Täter. Wenn eine Sache nicht in Ordnung ist, dann berichtigen Sie die Sache, aber machen Sie es nicht an dem dahinterstehenden Menschen fest. Fehler lassen sich viel leichter einsehen und korrigieren, wenn man sie nicht auf eine persönliche Ebene zieht.

Es ist ein bisschen wie eine Zeugenbeschreibung bei der Polizei: Es zählt weniger Ihr Gefühl als Ihre Beobachtung. Sie müssen zuerst die Sachlage erklären anhand belegbarer und überprüfbarer Fakten. Fakten sind neutral, Fakten greifen niemanden an. Fakten erlauben eine nüchterne Beschreibung ohne Pranger. Es geht um Information, nicht um Anklage. Im Idealfall führt eine sachliche Schilderung schon zu einer entsprechenden Einsicht und der Diskurs wird zum Selbstläufer.

Beschreiben Sie das Problem so sachlich wie möglich in einem unaufgeregten Ton. Sagen Sie ganz konkret, was nicht in Ordnung ist – und zwar so, dass der kritisierte Mitarbeiter diese Darlegung in der Sache nachvollziehen kann, ohne sich dabei persönlich angegriffen zu fühlen. Im Anschluss können Sie auch illustrieren, welches Gefühl diese Beobachtung bei Ihnen ausgelöst hat: Ärger, Irritation, Frustration – vermeiden Sie aber, diese Gefühle auf eine Person auszurichten.

Formulieren Sie dann auch eine positive Lösung des Problems: Sagen Sie nicht, was Sie nicht möchten, sondern teilen Sie stattdessen mit, wie Sie es gerne hätten. Machen Sie einen konstruktiven Lösungsvorschlag, formulieren Sie ruhig zunächst als Bitte: »Bitte seien Sie doch in Zukunft pünktlich! Bitte formulieren Sie doch beim nächsten Mal etwas freundlicher« etc. Das lässt dem Kritisierten Handlungsraum und drückt ihn nicht an die Wand.

4.5. Durchhaltevermögen und Geduld

Einen Weg geht man als Fußgänger am besten Schritt für Schritt. Wir kennen auch das beliebte Spiel, lauffaule Kinder zum Weitergehen zu animieren, indem wir immer neue kleine Ziele ausgeben, die nah und schnell zu erreichen sind: nur noch bis zu diesem Stein, bis zu dieser Linie, bis zu diesem Busch. Dadurch wird die gesamte Strecke zwar nicht kürzer, aber die vielen kleinen Etappen scheinen dem Kind schaffbarer zu sein und bringen viele kleine Erfolgserlebnisse mit sich.

Diese Erfolgserlebnisse sind wichtig und ein essenzieller Aspekt, wenn es darum geht, eine längere Strecke durchzuhalten. Auch Selbstdisziplin lässt sich weitaus leichter erlernen, wenn wir nicht immer gleich nur das große Ganze haben wollen. Erreichbare Ziele sind das Stichwort: Anstatt mit gesenktem Kopf immer weiter voranzutraben und verbissen darauf zu harren, dass wir irgendwann schon endlich das finale Ziel erreichen werden, sollten wir den Kopf heben und uns kleine Zwischenziele aussuchen.

Viele kleine Erfolgserlebnisse führen zum großen Erfolg

Erfolgserlebnisse stärken die Geduld und die Fähigkeit, weiterzumachen. Durch die Unterteilung des einen großen Ziels in mehrere kleine Zwischenziele schaffen Sie eine Art von Fortschrittsbalken, wie Sie ihn zum Beispiel von Downloads im Internet oder Softwareinstallationen kennen. Es ist doch einfach sehr ermutigend, wenn dieser Fortschrittsbalken sich kontinuierlich aufbaut – und es wirkt immer etwas unheilverheißend, wenn der Balken über einen längeren Zeitraum stillsteht.

Es ist wichtig, dass Sie regelmäßig kleine Erfolgserlebnisse feiern können. Diese dienen als Ansporn und als Selbstbestätigung. Gönnen Sie sich auch ruhig eine kleine Belohnung. Allerdings sollten Sie darauf achten, dass diese Belohnung, so wohlverdient sie auch sein mag, nicht den bisher erreichten Erfolg wieder zunichtemacht! Wenn Sie eine Woche Diät und Sport hinter sich gebracht haben, dann wäre es kontraproduktiv, zur Belohnung ein riesiges Gelage mit Fast Food und Eis zu feiern.

Viele Menschen, die mit Ihren Zielen und Vorsätzen scheitern, haben zu viel auf einmal gewollt und zu sehr in die Ferne gestrebt. Es ist wichtig, dass Ziele erreichbar bleiben. Auch kleine Erfolge sind wichtig und sollten von Ihnen entsprechend gewürdigt werden. Schätzen Sie kleine Siege nicht als zu gering ein, sondern nehmen Sie diese als ein Zeichen der Ermutigung, als ein weiterer Ansporn, der Sie nach vorn bringt und an Ihrem großen Ziel festhalten lässt.

Was du heute kannst besorgen … Keine Chance der Prokrastination!

Wir haben im letzten Kapitel schon die Prokrastination als eine der häufigsten Ursachen für eine mangelhafte Selbstdisziplin ausgemacht. Jede Strategie zu einer Steigerung der Selbstdisziplin muss deshalb immer auch der Prokrastination den Kampf ansagen.

Die einfachste Regel, um Prokrastination zu vermeiden, ist das alte Sprichwort: *Was du heute kannst besorgen, das verschiebe nicht auf morgen!* Viele alte Weisheiten haben heute ihre Gültigkeit verloren, aber diese ist nach wie vor aktuell. In der Theorie klingt sie einfach: Was jetzt erledigt werden kann, sollte auch jetzt erledigt werden.

Das hat seinen guten Grund: Denn das ständige Verschieben, so verführerisch es im Augenblick auch scheinen mag, bringt nichts Gutes mit sich. Es erhöht den Druck und die Anspannung und wirkt sich auf diese Weise negativ auf die Lebensqualität aus. Durch das Aufschieben werden die Wege nicht etwa leichter oder gar kürzer, sondern im Gegenteil länger und schwerer. Durch Prokrastination schaden Sie sich selbst. Sie verschwenden eine Menge Lebenszeit.

Eine bewährte Methode, um der allgegenwärtigen Prokrastination zu begegnen, ist das richtige Zeitmanagement. Damit beschäftigen wir uns im nächsten Unterkapitel.

4.6. Das richtige Zeitmanagement

Zeit ist Geld, heißt es, und an diesem Satz ist ein ordentliches Stück Wahrheit dran. Unzählige Menschen scheitern mit ihren Träumen daran, dass sie ihre Zeit nicht vernünftig einteilen und nutzen. Wenn Sie es schaffen, ein vernünftiges Zeitmanagement zu betreiben, dann haben Sie eine entscheidende Weichenstellung für Ihr Leben geschafft.

Zeitmanagement hat viel mit Planung und nichts mit Zufall und Gelegenheit zu tun. Wenn Sie sich von der Inspiration des Augenblicks leiten lassen, dann werden Sie zwangsläufig viele Ziele verpassen und reichlich ziellos umherirren. Einfach loslegen und abwarten, wie sich die Dinge entwickeln, ist keine gute Strategie, um im Leben Erfolg zu haben. Und ganz sicher ist sie nicht geeignet, um sinnvoll und zielführend mit Ihrer Zeit umzugehen.

Zeit ist eine äußerst wertvolle Ressource – und sie ist knapp. Sie ist auch nicht erneuerbar. Das heißt, Zeit, die Sie einmal verbraucht – oder verschwendet – haben, lässt sich nicht zurückgewinnen. Deshalb ist es so wichtig, sorgsam mit der Zeit umzugehen. Und genau dafür benötigen Sie einen Plan.

Erinnern Sie sich noch an Ihre Schulzeit? An den Stundenplan, der den Alltag bestimmte, bis hin zu den Hausaufgaben, die nachmittags noch erledigt werden mussten? Da hatte der Tag Struktur – und wenn

Sie nicht Ihre Tagesplanung an dieser Struktur ausgerichtet haben, dann sind Sie in der Schule und auch sonst schnell unter die Räder gekommen.

Ablenkungen konsequent aus dem Weg räumen

Das beste Zeitmanagement nutzt nichts, wenn es ständig durch ungeplante Ablenkungen untergraben wird. Ablenkungen sind der erste und hartnäckigste Feind der Selbstdisziplin. Es führt kein Weg daran vorbei, dass Sie die potenziellen Ablenkungen so umfassend wie möglich ausschließen. Wenn Sie sich nämlich erst einmal mit einer Ablenkung auseinandersetzen müssen, kann es schon zu spät sein bzw. die Auseinandersetzung kostet Zeit und Kraft.

Das kann ganz konkret bedeuten, dass Sie Smartphones und ähnliche Zeitfresser beiseitelegen. Auch der Posteingang des E-Mail-Programms darf keine Rolle spielen. Und natürlich ist es tabu, zwischendurch mal kurz Facebook zu checken. Wenn Sie in einem Büro arbeiten, dann sollten Sie die Tür schließen. Legen Sie den Hörer des Telefons neben den Apparat oder sorgen Sie dafür, dass die Nummer umgeleitet wird. Stellen Sie die Desktopbenachrichtigungen für eingehende E-Mails oder andere Nachrichten aus, verzichten Sie auf Radioprogramme oder Ähnliches. Wenn Sie nicht alleine sind, dann lassen Sie Ihr Umfeld – Mitarbeiter oder Familie – ruhig wissen, dass Sie in den nächsten 25 Minuten, also für die Dauer eines Pomodoro-Intervalls, nicht gestört werden möchten.

Täuschen Sie sich nicht: Ablenkungen aus dem Weg zu räumen – das ist mitunter harte Arbeit und erfordert selbst schon ein gutes Stück Selbstdisziplin. Denn wir Menschen neigen dazu, nur allzu gern all den kleinen Ablenkungen nachzugeben, die auf uns einströmen. Wenn wir immer erst im Augenblick der Ablenkung entscheiden, ob wir ihr nachgeben oder nicht, dann ist es meist schon zu spät. Denn im Prinzip ist auch diese Überlegung bereits eine Ablenkung, die den Arbeitsfluss stört. Es ist wichtig, die Regeln im Vorfeld festzulegen, nach denen ein Tag abläuft.

Diese Regeln richten sich zuallererst an Sie selbst – wir haben dazu bereits einige sinnvolle Vorschläge gemacht: Smartphone ausschalten, E-Mail-Benachrichtigungen deaktivieren, soziale Medien und das Internet ganz allgemein ignorieren. Schreiben Sie sich diese Regeln ruhig auf und positionieren Sie sie in Sichtweite, damit Sie sie nicht vergessen. Wenn es Ihnen erst einmal gelingt, störende Ablenkungen weitgehend auszumerzen, dann haben Sie in Sachen Zeitmanagement einen gewaltigen Fortschritt gemacht. Wenn Sie zu Hause in einem familiären Umfeld arbeiten müssen, gestaltet sich dies häufig besonders schwierig – bitten Sie Ihre Familie dann ruhig aktiv um Mithilfe und Unterstützung.

Die Reaktion ist entscheidend

Auch bei der allerbesten und sorgfältigsten Vorbereitung werden sich Ablenkungen nicht vollständig ausmerzen lassen. Das liegt auch daran, dass viele Ablenkungen nicht von außen kommen, sondern uns als innere Impulse überfallen. Der plötzliche Gedanke, diese Sache noch schnell nachzuschauen oder eine andere zu erledigen, lässt sich nicht vollständig verhindern. Entscheidend ist deshalb nicht der Impuls der Ablenkung an sich, sondern vielmehr unsere Reaktion darauf.

Auf die Reaktion kommt es an: Wie gehen wir mit der Ablenkung um? Es gibt viele Dinge, die uns als Trigger dienen, das heißt als Impuls, der uns vom Weg weglockt. Es liegt an uns, ob wir diesem Trigger nachgeben. Manche Impulse sind tatsächlich wichtig – zum Beispiel, wenn uns einfällt, dass wir den Herd nicht ausgeschaltet haben und die Platte noch erhitzt wird. In diesem Fall können (und sollten) wir dem Impuls nachgeben und uns ablenken lassen. Es hilft uns auch nicht, wenn wir im brennenden Haus fleißig weiter auf den Bildschirm starren und uns von dem lästigen Feueralarm nicht ablenken lassen.

Aber wir müssen ehrlicherweise einräumen: So gerechtfertigte und drängende Ablenkungen wie einen Feueralarm haben wir im Alltag eher selten. Stattdessen sind es eher die kleinen Dinge, die eigentlich gar nicht wichtig sind, aber plötzlich in unserem Denken viel zu viel Raum einnehmen. Wenn Sie sich nicht sicher sind, ob eine Ablenkung wichtig ist oder nicht, dann hilft Ihnen vielfach die 10-Minuten-Regel: Anstatt einem Trigger sofort nachzugeben, sollten Sie nach dieser Regel einfach 10 Minuten warten und schauen, ob der Impuls diese Zeitspanne überdauert. Oft hat sich ein Bedürfnis nach dieser bewusst gesetzten Frist von selbst erledigt und Sie brauchen sich gar nicht mehr damit zu beschäftigen.

4.7. Spezielle bewährte Methoden und Techniken

Selbstdisziplin schüttelt man nicht einfach aus dem Sparstrumpf, Selbstdisziplin muss man sich gezielt aneignen. Dafür gibt es bewährte Methoden und Techniken, die wir Ihnen an dieser Stelle nahebringen möchten. Vielleicht wird Ihnen die eine Technik mehr liegen als die andere, aber das macht gar nichts: Sie haben die Wahl. Selbstverständlich gilt für alle möglichen Techniken, was wir im vorhergehenden Kapitel an Grundlagen festgehalten haben, insbesondere das zum Thema Ablenkung Gesagte. Die beste Technik hilft Ihnen nicht weiter, wenn Sie sich ablenken lassen und nicht konsequent dabei bleiben!

Die Pomodoro-Technik

Die Pomodoro-Technik ist eine bewährte und verbreitete Methode des Zeitmanagements. Sie stammt aus den 1980er-Jahren und wurde entwickelt von Francesco Cirillo. Vielleicht wissen Sie aus Ihrem letzten Italienurlaub, dass *pomodoro* das italienische Wort für »Tomate« ist. Die Pomodoro-Technik ist also eine Tomaten-Technik – und wahrscheinlich hilft Ihnen diese Erkenntnis kein Stück weiter. Heißt das, wir müssen uns jetzt in die Küche gehen und eine Tomatensuppe kochen?

Nein, keineswegs. Eigentlich hat die Pomodoro-Technik gar nichts mit Tomaten zu tun, sondern mit Zeit. Was macht man, um einen bestimmten Zeitrahmen abzustecken? Richtig: Wir stellen uns einen Wecker. Die Pomodoro-Technik hat sehr viel mit dem richtigen Gebrauch eines Weckers zu tun. Weil ihr Erfinder Cirillo für seine ersten Versuche einen Wecker in Tomatenform benutzte (vielleicht haben Sie diese originelle Küchenuhr-Variante ja selbst schon einmal gesehen), leitete er von diesem Wecker den Namen Pomodoro-Technik für seine Methode ab. Eigentlich keine große Sache und bei Licht besehen auch nicht sehr logisch, dafür aber leicht zu merken, und das ist ja doch was.

Aber wie funktioniert denn die Pomodoro-Technik in der Praxis? Ganz einfach: Die Pomodoro-Technik fußt auf der These, dass häufige Pausen Ihrem Gehirn eine höhere Beweglichkeit und mehr Frische verschaffen. Man könnte die Pomodoro-Technik also auch Pausen-Technik nennen – und eigentlich wäre dieser Name viel näher an der eigentlichen Sache. Aber bleiben wir bei dem etablierten Namen und setzen auf die Tomate, das heißt: auf einen Wecker bzw. eine Küchenuhr. Die darf bei Ihnen gerne eine andere Form und Gestalt haben, wichtig ist nur, dass der Wecker funktioniert. Dann können Sie die Pomodoro-Technik ganz einfach anwenden. Das geschieht in fünf Schritten:

Formulieren Sie eine Aufgabe, die Sie erledigen möchten oder müssen – tun Sie das schriftlich, mit einem Bleistift auf einem Blatt Papier. Notieren Sie alle dafür notwendigen Schritte so übersichtlich und präzise wie möglich. Sie benötigen eine Art Checkliste, die Sie nach und nach abhaken können.

Schnappen Sie sich den bereitgestellten Wecker und stellen Sie ihn auf 25 Minuten ein. Wenn die Uhr tickt, geht die erste Phase los. Diese Arbeitsphasen sind die *pomodori*.

1. Fangen Sie damit an, die gestellte Aufgabe zu erledigen – beharrlich, konsequent und ohne jede Ablenkung. Wenn der Wecker klingelt, hören Sie sofort auf zu arbeiten und markieren Sie auf Ihrer Liste den Posten, den Sie erreicht haben.

2. Machen Sie eine kurze Pause von etwa fünf Minuten. Starren Sie während dieser Pause nicht auf den Aufgabenzettel, sondern schließen Sie die Augen, lehnen Sie sich zurück, stehen Sie auf, vertreten Sie sich die Füße, kratzen Sie sich am Kopf oder trinken Sie einen Schluck. Nur: Wenden Sie sich unbedingt von Ihrer Aufgabe ab, nehmen Sie Ihre Pflicht aus dem Sicht- und Gedankenfeld.
3. Wiederholen Sie die Schritte zwei- bis dreimal. Nachdem Sie also insgesamt vier Arbeitsphasen, vier *pomodori*, hinter sich gebracht haben, dürfen Sie eine längere Pause einlegen. Ein guter Richtwert hierfür sind 15 bis 20 Minuten.

Sie merken schon: Das ist eigentlich eine ganz einfache, eine wirklich kinderleichte Sache. Es gibt zwar keine Tomaten, aber das Ganze funktioniert trotzdem mit mediterraner Leichtigkeit. Der Schlüssel ist die regelmäßige Abwechslung von Arbeitsphasen und Pausen. Wenn Sie unsere Richtwerte beachten, dann benötigen Sie für einen kompletten Pomodoro-Zyklus etwa zweieinhalb Stunden.

Sind Sie im Anschluss noch nicht mit Ihrer Aufgabe fertig und steht Ihnen noch weitere Zeit zur Verfügung, dann können Sie das Ganze einfach von vorne beginnen und einen weiteren Zyklus absolvieren.

Die 25-Minuten-Frage

Jetzt ist es natürlich so, dass die verschiedenen Aufgaben, die für Sie zur Erledigung anstehen, nicht immer zwangsläufig exakt 25 Minuten in Anspruch nehmen. Mal ist es mehr, mal weniger. Da stellt sich die Frage: Müssen es wirklich 25 Minuten sein? Im Großen und Ganzen lautet die Antwort: ja. Sie sollten dieses bewährte Zeitmaß einhalten, um von der optimalen Balance zwischen Arbeitsphasen und Pausen profitieren zu können.

Damit Sie die angestrebte 25-Minuten-Frist möglichst unkompliziert einhalten können, sollten Sie bei Bedarf Ihre anliegenden Tätigkeiten in kleine, mundgerechte Häppchen unterteilen – ganz so, wie Sie es mit dem Essen für ein Kind machen würden. Und immer, wenn Sie einen Schritt erledigt haben, dürfen (und sollten) Sie diesen durchstreichen. Das ist ein großartiges Gefühl und zeigt Ihnen, wie gut Sie vom Fleck kommen. Damit Sie aber auch möglichst oft etwas zum Durchstreichen haben, sollten Sie die Aufgaben entsprechend proportionieren. Sonst dauert es bis zum ersehnten Haken so lange!

Wenn der Wecker klingelt und es so aussieht, als hätten Sie nichts geschafft, ist das frustrierend. Deshalb sind die »mundgerechten Proportionen« so wichtig. Wenn die Erfolgserlebnisse ausbleiben, dann erschlafft auf lange Sicht auch die Motivation – und gerade um die Motivation (und die daraus resultierende Selbstdisziplin) geht es ja bei der Anwendung der Pomodoro-Technik. Das Ganze funktioniert natürlich auch umgekehrt: Wenn Sie mehrere kleine Aufgaben haben, die nur wenig Zeit in Anspruch nehmen – zum Beispiel das Schreiben einer kurzen E-Mail – dann können Sie einfach mehrere Aufgaben zu einer einzigen Pomodoro-Phase bündeln.

Am Anfang fällt es Ihnen möglicherweise gar nicht so leicht, den Zeitbedarf einer Aufgabe richtig einzuschätzen. Von diesbezüglichen kleinen Misserfolgen sollten Sie sich aber keinesfalls irritieren lassen – auch das spielt sich nach einer gewissen Zeit ein und Sie entwickeln ein untrügliches Gefühl dafür, Ihre diversen Tätigkeiten richtig einzuordnen. Natürlich müssen Sie dabei auch berücksichtigen, wie viel Zeit Ihnen überhaupt zur Verfügung steht: Da Sie genau wissen, wie lange ein Pomodoro-Intervall dauert, können Sie auch ausrechnen, wie viel Zeit Sie benötigen bzw. wie viele Pomodoro-Phasen Sie einplanen können.

Ø **Profi-Tipp:** Zugegeben, Papier und Stift wirken in unserer Zeit ein wenig antiquiert. Und ein analoger Wecker ist in vielen Haushalten möglicherweise auch nicht mehr zu finden. Aber wenn Sie dauerhaft am Computer arbeiten, dann können Sie auch auf eine Online-Lösung setzen. Wie wäre es mit der Seite tomato-timer.com? Dafür müssen Sie nicht einmal eine Software installieren! Natürlich gibt es noch weitere Alternativen, auch als praktische App für Ihr Smartphone – zum Beispiel »Flat Tomato« für das iPhone von Jian Bu. Das sind nur wenige Vorschläge. Suchen Sie ruhig selbst und wählen Sie, was Ihnen am besten gefällt!

Immer pünktlich Pause machen!

Wenn Sie so richtig im Flow sind, dann ist die Versuchung manchmal groß, die 25-Minuten-Grenze zu überschreiten. Davon sollten Sie sich aber weder beeindrucken noch verleiten lassen. Wenn der Wecker klingelt und die 25 Minuten vorbei sind, dann sollten Sie auf der Stelle mit der Arbeit aufhören und eine Pause machen. Denn auch wenn Sie vielleicht gerade nach der ersten Phase das Gefühl haben, einfach weitermachen zu können, sollten Sie für ein langfristiges Gelingen der Pomodoro-Technik Ihre Pausen pünktlich und richtig nehmen. Wenn Sie die 25-Minuten-Grenze doch einmal um ein paar Minuten reißen, dann sollten Sie die Pausenzeit entsprechend nach hinten verlängern. Natürlich dürfen Sie einen Gedanken noch zu Ende führen oder mit einer Notiz dafür sorgen, dass Sie nach der Pause ohne Schwierigkeiten wieder an das bisher Erledigte anschließen können.

Die Pause sollte auch wirklich eine Pause sein und nicht zur Erledigung anderer Dinge genutzt werden. Es darf ruhig eine Tasse Kaffee oder Tee sein, oder – während der längeren Pause zwischen zwei Zyklen – auch ein Spaziergang. Auf keinen Fall sollten Sie aber an Ihrem Arbeitsplatz bleiben – zum Beispiel, um im Internet zu surfen, Ihre sozialen Medien zu checken oder etwas Ähnliches, das mit Ihrer Arbeit verbunden ist. Die Pause sollte immer eine Pause sein und der Erholung dienen!

Das Ziel der Pomodoro-Technik

Die Pomodoro-Technik mag kinderleicht sein, aber sie ist kein Kinderspiel. Es geht darum, dass Sie Ihren Fokus auf ein bestimmtes Ziel ausrichten – und zwar *ausschließlich* auf ein bestimmtes Ziel. Es geht darum, dass Sie lernen, Ablenkungen vollständig zu eliminieren und jedwede Prokrastination auszuschließen. Denn diese Probleme sind gar nicht so selten, und auch Francesco Cirillo ist mit ihnen gut bekannt. Sie werden es vielleicht nicht glauben, aber eigentlich wollte Cirillo mit dieser Methode kein Geld verdienen, sondern zunächst und vor allem sich selbst helfen.

Während seiner Studienzeit stellte Francesco Cirillo fest, dass ihn das ständige Trödeln und Prokrastinieren viel Zeit und Erfolg kostete. Damit wollte er sich jedoch nicht abfinden, und er überlegte, wie er sich aus dieser Falle befreien konnte. Seine Lösung war ebenso einfach wie effizient: Da er es nicht schaffte, die Konzentration über einen längeren Zeitraum hinweg gleichermaßen stabil aufrechtzuerhalten, versuchte er es stattdessen mit kurzen Konzentrations- und Fokusschüben.

Das Prinzip ist aus dem Tierreich wohlbekannt: Der Gepard, das schnellste Landtier der Welt, kann eine Spitzengeschwindigkeit von annähernd 100 Stundenkilometern erreichen – diese aber nur sehr kurz durchhalten. In der Regel reicht diese kurze Phase der Höchstgeschwindigkeit aber aus, um die begehrte Beute zu fassen. In diesem Fall kann sich der Gepard seine Pause mit gutem Gewissen gönnen, denn er hat ja das zum Überleben benötigte Futter gefangen, mit anderen Worten: Er hat seine Aufgabe gelöst, Pomodoro erfolgreich. Der Gepard muss sich dafür nicht einmal einen Wecker stellen, weil ihm seine innere Uhr sehr genau sagt, dass mit dem Laufen jetzt wieder Schluss ist.

Francesco Cirillo stellte fest, dass es ihm über eine kurze Distanz ebenfalls möglich war, Höchstleistungen in Sachen Fokus und Konzentration zu erzielen. Weil diese extreme Spannung aber für keinen Menschen lange durchzuhalten ist, werden ganz bewusst immer wieder genau getimte Pausen eingestreut. In diesen Pausen können Sie sich schütteln und neue Kräfte für die nächste Konzentrationsphase sammeln. Es ist ein wenig wie Treppensteigen: Man geht ein paar Stufen, dann schnauft man auf dem nächsten Absatz durch.

Das Ziel der Pomodoro-Technik ist es also, die vorhandene Zeit besonders effektiv auszunutzen – indem man sie gerade eben nicht vollständig ausnutzt. Durch die bewussten Konzentrationsphasen werden die Selbstdisziplin und das Durchhaltevermögen gestärkt, die regelmäßigen Erfolge steigern die Motivation und das Selbstwertgefühl. Es fällt Ihnen dann auch leichter, mit einer positiven Einstellung durch den Tag zu gehen – und auch eine positive Einstellung ist die Voraussetzung für Selbstdisziplin.

GTD – Getting Things Done

GTD ist ein Kürzel, das für den englischen Begriff »Getting Things Done« steht, was so viel bedeutet: Wie man Dinge erledigt bekommt. Keine Pflicht ist leichter als eine, die man gerade erfüllt hat. Keine Aufgabe ist einfacher als eine, die man gerade gelöst hat. Nichts beflügelt mehr als ein stetiges Vorankommen. Aber gerade das stetige Vorankommen ist oft gar nicht so einfach, weil wir uns allzu häufig verzetteln und an unwichtigen Nebenschauplätzen Zeit verlieren. Die Ursache für diese Probleme ist ein fehlerhaftes, ungenügendes Zeitmanagement.

Schlechtes Zeitmanagement bedeutet: Wir haben nicht zu wenig Zeit, wir nutzen sie nur schlecht. Dieses Problem hat auch der US-amerikanische Autor David Allen erkannt und sich darum bemüht, eine wirksame Lösung zu finden, die von jedermann leicht nachvollzogen werden kann. Diese Lösung ist heute unter dem Namen Getting Things Done weltweit bekannt und erfolgreich. David Allen hat mehrere Bücher zu diesem Thema geschrieben, aber den Kern der Methode verraten wir Ihnen hier und jetzt, damit Sie gleich loslegen können.

Bei Getting Things Done geht es vor allem um Management, das heißt: um die Verwaltung ihrer Aufgaben und die dafür zur Verfügung stehenden Ressourcen. Alles, was Sie im Lauf eines Tages zu erledigen haben, wird in ein ausgeklügeltes System übertragen, das Ihnen den

Weg zu einem möglichst idealen Ablauf zeigt. Dafür ist der konsequente Einsatz von Listen und Terminkalendern notwendig. Sie müssen Ihre Aufgaben und Tagesabläufe schriftlich fixieren.

Ähnlich wie bei der Pomodoro-Technik werden auch hier größere Aufgaben in kleinere Teilaufgaben unterteilt, um eine bessere Gliederung der abzuarbeitenden Punkte zu erreichen. Allerdings genügen Ihnen hier nicht einfach ein Blatt Papier und ein Bleistift – die Management-Methode Getting Things Done ist dann doch eine Spur komplexer. Aber nur keine Sorge: Auch Getting Things Done ist ganz auf eine leichte Umsetzbarkeit für jeden Anwender ausgelegt.

Mit fünf Schritten zum Erfolg

Im Wesentlichen umfasst Getting Things Done fünf Schritte, mit denen Sie bei sorgfältiger Berücksichtigung der genauen Abfolge Ihren Alltag deutlich leichter und erfolgreicher gestalten können.

1. Sammeln bzw. erfassen

Dieser Schritt kann sehr zeitaufwendig sein, wenn Sie die Getting-Things-Done-Methode das erste Mal anwenden. Es geht darum, alle anstehenden Aufgaben an so wenigen Stellen wie möglich zu sammeln. Mit Aufgaben ist einfach alles gemeint, was auf Sie einströmt und womit Sie sich beschäftigen müssen: Termine, konkrete Aufgaben, Anfragen, E-Mails, Briefe, sonstige Nachrichten. Verfrachten Sie das alles in Ihren Eingangskorb, wobei diese Bezeichnung nicht unbedingt wörtlich verstanden werden muss. Sie können auch mehrere Ablagen erstellen, wenn das sinnvoll ist, aber die Gesamtzahl der »Eingangskörbe« sollte doch so gering wie möglich ausfallen, damit die Sache überschaubar bleibt. Die Eingangskörbe können digital oder analog erstellt werden, zum Beispiel mit Outlook oder OneNote – oder tatsächlich mit richtigen physischen Ablagekörben. Schrecken Sie vor dem Aufwand nicht zurück: Wenn Sie das System erst einmal etabliert haben, geht es Ihnen in der Folgezeit schnell und einfach von der Hand. Es ist also eine einmalige zeitliche Investition, die sich lohnt – wie eine große Einbauküche, die Sie einmal installieren und dann jeden Tag bequem nutzen können.

2. Verarbeiten bzw. sortieren

Mit dem Sammeln allein ist es nicht getan – Sie müssen die Aufgaben und Eingänge auch sinnvoll verarbeiten. Das bedeutet: Sie müssen Ihre Eingänge sichten und sortieren. Gehen Sie Ihre Eingangskörbe, in welcher Form auch immer Sie diese angelegt haben, sorgfältig durch und nehmen Sie eine genauere Einordnung der verschiedenen Posten vor. Zu diesem Zweck sollten Sie sich nacheinander die drei folgenden Fragen stellen und beantworten:

- **Identifikation bzw. Zuordnung:** Worum handelt es sich?
- **Mögliche Handlungen erkennen:** Können Sie etwas unternehmen?
- **Konkrete Handlung bestimmen:** Was ist der nächste Schritt?

Wichtig ist hierbei, dass Sie nichts zurücklegen, sondern wirklich jeden Posten etikettieren. Wenn Sie einzelne Posten zurückstellen, dann bremsen Sie Ihr Vorankommen nur unnötig aus und verschwenden Zeit durch eine mehrfache Verarbeitung Ihres Eingangskorbs. Falls Sie bei einem Posten zu der Erkenntnis kommen, dass keine sinnvolle Handlung möglich ist, stehen Ihnen wieder drei Optionen zur Verfügung:

- **Entsorgen:** Wenn Sie feststellen, dass Sie mit dem entsprechenden Posten nichts mehr anfangen können (zum Beispiel eine E-Mail, deren Inhalt nicht mehr relevant ist und keine Antwort benötigt), dann sollten Sie diese Dinge konsequent aussortieren und entsorgen. Eine weitere Aufbewahrung nicht mehr relevanter Posten stellt nur eine Verschwendung von zeitlichen und räumlichen Kapazitäten dar.
- **Archivieren:** Etwas anders sieht es aus, wenn Sie einen Posten haben, aus dem sich zwar keine Handlungsnotwendigkeit ableitet, der aber für die Zukunft noch relevant sein kann – zum Beispiel ein

Kaufbeleg, ein Kreditvertrag oder Ähnliches. In diesem Fall sollten Sie den betreffenden Posten einfach archivieren – und zwar an einem klar definierten Ort, zu dem Sie jederzeit ohne langes Suchen transparenten Zugriff haben.

- **Vertagen:** Vertagen hat nichts mit dem Zurückstellen von einzelnen Posten zu tun, das wir vorhin ausdrücklich ausgeschlossen haben. Hier findet stattdessen durchaus eine Verarbeitung statt, aber Sie stellen in diesem Fall fest, dass sich keine dringende Handlungsnotwendigkeit ergibt und Sie das Ganze optional für später vormerken können.

3. Organisieren bzw. durcharbeiten

Nachdem Sie im vorherigen Schritt alle Ihre Eingänge nach möglichen Handlungsschritten sortiert haben, wird jetzt diese Sortierung verfeinert. Alle Punkte auf Ihre Liste, die mit einer Handlung verknüpft sind, werden jetzt in verschiedene Zwischenablagen sortiert. Eine Ausnahme stellen kleine Aufgaben dar, die Sie in einem sehr übersichtlichen Rahmen von etwa zwei Minuten erledigen können. (Das nennt man im GTD die **Zwei-Minuten-Regel**.) Diese Aufgaben sollten Sie einfach direkt angehen und umgehend erledigen, damit Sie diese Posten gleich von Ihrer Liste streichen können. Bei den anderen Aufgaben geht es um eine Einteilung in die folgenden Kategorien, die Sie jeweils auf einer eigenen Liste verwalten sollten:

- **Kalender:** Viele Ihrer Posten werden einfach Termine sein. Natürlich können Sie Termine erst dann wahrnehmen, wenn der entsprechende Zeitpunkt gekommen ist. Damit Sie keinen Termin versäumen, sollten Sie alle Ihre Termine in einen Kalender übertragen. Dieser Kalender sollte ständig präsent sein, damit Ihnen kein Termin entgeht. Es gibt Software-Lösungen, die Sie auf bevorstehende Termine aufmerksam machen – zum Beispiel Outlook.
- **Projekte:** Projekte sind alle Aufgaben, deren Erledigung mehrere Schritte umfasst. Diese Schritte müssen Sie nach und nach erledigen. Damit das gelingt, sollten Sie jedes Projekt in fein säuberliche

Einzelaufgaben unterteilen und diesen Aufgaben nach und nach einen Termin in Ihrem Kalender zuweisen. Durch die Übertragung in Ihren Kalender können Sie auch sicherstellen, dass die Erledigung der einzelnen Aufgaben nicht mit Ihren übrigen Terminen kollidiert.

- **Aktionen:** Ihre Aktionsliste umfasst alle konkreten Aufgaben, die nicht Teil eines größeren Projekts sind. Bei der Zusammenstellung ist es wichtig, dass Sie diese Aufgaben möglichst in Form konkreter Handlungsanweisungen formulieren. Anstatt des vagen Ziels »Zutaten für Kuchen besorgen« schreiben Sie »Eier, Mehl und Zucker kaufen« oder so ähnlich. Wenn Sie möchten und es sich anbietet, können Sie diese Aufgaben auch in verschiedenen Listen führen, die jeweils einen eigenen Kontext besitzen: eine Liste mit beruflichen Aufgaben, eine Liste mit privaten Aufgaben, Dinge, die Sie außer Haus besorgen müssen (zum Beispiel Einkäufe), Dinge, die Sie von zu Hause aus erledigen können (zum Beispiel Telefonate). Je mehr Ordnung und Struktur Sie in Ihr Management bekommen, desto leichter und schneller gelingt Ihnen auch die Abarbeitung der einzelnen Posten.
- **Warten-auf-Liste:** Diese Liste ist besonders im Berufsleben wichtig, wenn Sie einen Teil Ihrer Aufgaben an andere delegieren können. Die zu delegierenden bzw. bereits delegierten Aufgaben kommen auf diese Liste, wo Sie auch den Status der Progression bis hin zur Erledigung vermerken. Diese Liste ist vor allem eine Erinnerungsliste, da Sie die darauf aufgeführten Aufgaben ja nicht selbst erledigen.

Wie Sie diese Listen gestalten, ob analog oder digital, das bleibt natürlich Ihnen überlassen. In der Praxis wird eine mithilfe von Software ausgeführte Verwaltung wahrscheinlich deutlich einfacher sein. Dafür müssen Sie keine komplexen Datenbanken anlegen, sondern können sich mit einer Tabelle begnügen – und zur Not tut es auch ein einfaches Textdokument.

4. Durchsehen bzw. prüfen

Nachdem Sie also mit den vorherigen Schritten und Listen ein funktionierendes Verwaltungssystem angelegt haben (was sich in der Regel nicht im Laufe eines einzigen Vormittags oder Nachmittags erledigen lässt), müssen Sie alle Listen natürlich immer wieder auf Aktualität überprüfen. Dieser Schritt gewinnt vor allem an Bedeutung, wenn Sie die ersten drei Schritte schon mehrfach durchgeführt haben und auf den Listen viel Bewegung entsteht. Sie müssen immer auf dem Laufenden bleiben, damit Ihr Management-System nicht an Effizienz einbüßt.

Das Durchsehen und Prüfen Ihrer Listen sollten Sie ruhig mehrmals täglich vornehmen, so dass Sie sicherstellen können, dass Sie immer und überall auf dem neuesten Stand sind und sich erst gar kein Verzug einstellen kann.

5. Erledigen

Der letzte und wichtigste Schritt: die Erledigung der anstehenden Projekte und Aktionen. Dabei ist wichtig, dass Sie die Ihnen zur Verfügung stehenden Ressourcen bedenken und die Auswahl Ihrer nächsten Schritte nach diesen ausrichten. Das bedeutet, dass Sie sich fragen: Wie viel Zeit steht mir zur Verfügung? Wie viel Zeit nehmen bestimmte Aufgaben in Anspruch? Wie viel Energie haben Sie gerade zur Verfügung? Zu welchem Kontext gehört eine Aufgabe?

Denn genau das sind die vier Entscheidungskriterien für den GTD-Schritt Nr. 5! Dabei sollten Sie auch die Reihenfolge beachten: zuerst der Kontext, dann die verfügbare Zeit, die verfügbare Energie und schließlich die Priorität.

Kontext

Wir haben bei der Erstellung der Listen davon gesprochen, dass Sie sich am besten Listen für verschiedene Bereiche, also Kontextlisten, anlegen sollten: für das Private, das Berufsleben, für Erledigungen im

Haus und Besorgungen außer Haus. Bei der Auswahl Ihrer nächsten Aufgabe spielt genau dieser Kontext eine Rolle – ebenso wie der Kontext, in dem Sie sich gerade befinden. Heikle Kundengespräche sollten Sie nicht mit dem Smartphone an der öffentlichen Bushaltestelle oder im Wartezimmer Ihres Arztes führen. Mails und Nachrichten beantworten können Sie in dieser Situation aber durchaus. An Ihrem heimischen Schreibtisch sind wiederum ganz andere Aufgaben möglich. Passen Sie also die Wahl Ihrer Aufgabe dem Kontext an – in beide Richtungen.

Verfügbare Zeit

Nicht immer steht unbegrenzt Zeit zur Verfügung. Bei der Wahl Ihrer nächsten Aufgabe müssen Sie genau berücksichtigen, wie viel Zeit Ihnen gerade zur Verfügung steht – und wie viel Zeit eine mögliche Aufgabe in Anspruch nehmen wird. Wenn Sie eine zeitaufwendige Aufgabe zur Unzeit beginnen – nämlich dann, wenn Sie eigentlich zu wenig Zeit dafür haben –, dann kommen Sie schnell mit Ihrem Tagesablauf durcheinander.

Verfügbare Energie

Sie sind nicht immer gleich leistungsfähig. Wie viel Energie Ihnen zur Verfügung steht, hängt auch mit Ihrer inneren Uhr zusammen – in diesem Kontext lohnt sich auch noch einmal die Lektüre des entsprechenden Kapitels. Berücksichtigen Sie bei der Auswahl Ihrer nächsten Aufgabe auch Ihre Leistungsfähigkeit. Es hat wenig Sinn, zum Feierabend noch mit einer anspruchsvollen Tätigkeit zu beginnen, bei der Sie hellwach und fokussiert sein müssen.

Priorität

Bei der Auswahl Ihrer nächsten Aufgabe sollten auch die Prioritäten eine entscheidende Rolle spielen. Wenn Sie also den Kreis der möglichen Aufgaben anhand der drei bereits vorgestellten Schritte eingegrenzt haben, dann sollte die Priorität als letztes Kriterium den Ausschlag geben. Erledigen Sie die Aufgabe, die Sie in diesem Augenblick und auch mittel- und langfristig am weitesten bringt.

Vielleicht denken Sie gerade, dass sich das doch wahnsinnig kompliziert anhört und dass Sie doch eigentlich nur möglichst schnell und unkompliziert Ihre Aufgaben erledigen möchten. Aber dieser Eindruck täuscht vollkommen. Wenn Sie die fünf Schritte erst einmal verinnerlicht haben, dann stellen sich sehr schnell hilfreiche Automatismen ein und Sie merken, wie die Erledigung der vielen täglichen Aufgaben zu einer Routine wird. Das Durchsehen und Einordnen funktionieren dann wie von selbst und Sie müssen nicht mehr viel nachdenken.

Autosuggestion

Alle Motorsportfans müssen wir leider enttäuschen: Autosuggestion hat nichts mit Autofahren zu tun, der Rennwagen muss in der Garage bleiben. Allerdings geht es sehr wohl darum, einen höheren Gang einzulegen, ordentlich aufs Gas zu drücken und auf die Überholspur zu wechseln. Nur sind Sie selbst das Auto und der Fahrer in Personalunion.

Der Begriff Autosuggestion leitet sich ab von dem griechischen Wort *auto* und dem lateinischen Wort *suggestio* und bedeutet so viel wie »Selbstbeeinflussung«. Es geht also um die Beeinflussung des eigenen Selbst, das heißt: um Einflussnahme auf das Unterbewusstsein.

Das Unterbewusstsein sollten wir auf keinen Fall unterschätzen, wenn es um unsere positive Entwicklung und um unser Fortkommen geht. Es bleibt zwar die meiste Zeit unbemerkt, ist aber immer da und schaltet im Hintergrund die Weichen.

Die meisten Menschen sich überhaupt nicht darüber im Klaren, wie viele ihrer Entscheidungen und Taten von ihrem Unterbewusstsein beeinflusst werden. Tatsächlich ist das Unterbewusstsein ein heimlicher

Lenker unserer Taten und Entscheidungen – der freie Wille ist oft nur ein unbewusster Impuls, der durch unzählige kleine Faktoren bestimmt wird, die wir nicht bewusst wahrnehmen (deshalb nennt man es auch Unterbewusstsein).

Aber auch wenn wir die Einflussnahme unseres Unterbewusstseins nicht wahrnehmen, bedeutet das nicht, dass wir ihm hilflos ausgeliefert sind. Es ist durchaus möglich, unser Unterbewusstsein zu beeinflussen, wenn wir wissen, wie die zugrundeliegenden Mechanismen funktionieren. Es ist auch sinnvoll, diese Beeinflussung unseres Unterbewusstseins auszuüben, weil uns das konkrete Vorteile in unserem Alltag und viele Erleichterungen bringt.

Wie Worte und Gedanken die Mentalität beeinflussen

Die Erkenntnis, dass es möglich ist, das eigene Unterbewusstsein zu lenken und damit unsere Mentalität zu verändern, verdanken wir dem Franzosen Émile Coué, der im 19. Jahrhundert als ein Zeitgenosse von Sigmund Freud lebte. Coué war eigentlich kein Psychologe, sondern Apotheker, aber ihm fiel in seiner täglichen Praxis auf, dass die Medikamente, die er an seine Kunden verkaufte, in ihrer Wirksamkeit abhängig waren von den Empfehlungen, die er selbst dazu gab. Medikamente, die er ausdrücklich positiv bewertete, entfalteten oft eine größere Wirkung als solche, über die er sich verhalten äußerte.

Daraus leitete Émile Coué mit der Zeit ab, dass es sehr wohl einen Unterschied machte, mit welcher Haltung man bestimmten Dingen gegenüberstand. Wir würden heute vielleicht von einem Mindset sprechen. Konkret geht es hier um die wirkmächtige Kombination von Vorstellungskraft mit innerer Haltung. Der berühmte Placebo-Effekt, der einen an sich wirkungslosen Stoff wirksam macht, beruht genau auf diesem Prinzip.

An dieser Stelle gleich ein ehrliches Wort der Warnung: Die Autosuggestion wird genau wie der Placebo-Effekt mitunter missbräuchlich gebraucht und in die Nähe von esoterischen oder gar okkulten

Praktiken gerückt. Diese Form des Missbrauchs, von der wir uns natürlich voll und ganz distanzieren, ändert aber nichts daran, dass die Autosuggestion und auch der Placebo-Effekt im Grundsatz wissenschaftlich anerkannt sind und auch nutzbringend eingesetzt werden.

Wie man das eigene Unterbewusstsein lenkt

Émile Coué, der die Auswirkung seiner Worte auf seine Kunden erkannt hatte, war der festen Überzeugung, dass sich diese Erkenntnis in eine belastbare Methode umsetzen lassen müsste. Damit wäre es dann möglich, das eigene Unterbewusstsein gezielt zu lenken. Und er hatte recht! Heute, über ein Jahrhundert später, sind wir sehr viel weiter, als dieser Pionier der Autosuggestion es zu seiner Zeit war. Und wir haben gelernt, die Autosuggestion professionell zu unserem Nutzen einzusetzen. Vielleicht haben Sie schon von autogenem Training oder Mentaltraining gehört? Bei diesen Techniken geht es genau um dieses Thema: um Autosuggestion.

Am Anfang steht ein bestimmter Gedanke, der in eine Wortformel gegossen wird. Diese Wortformel wird dem Gehirn immer wieder eingegeben, bis sie in unser Unterbewusstsein vordringt und dieses prägt. Man bezeichnet die Wortformel auch als Phrase. Die Phrase dürfen Sie selbst formulieren, dabei ist es von höchster Bedeutung, dass Sie das auf eine glaubhafte, authentische Weise tun – Sie müssen Worte finden, die Sie annehmen können. Wenn Sie sich selbst nicht glauben, weil Sie vielleicht eine besonders manierierte Formulierung wählen, dann wird das Ganze nicht funktionieren. Mit anderen Worten: Reden Sie ganz normal mit sich selbst und machen Sie sich nichts vor!

Gewinnen Sie die Herrschaft über sich selbst!

Ohne das Wissen um das Unterbewusstsein und seine Kontrolle ist es eigentlich unmöglich, sich seiner Selbst wirklich gewiss zu sein und sich zu lenken. Das Mittel für diese Lenkung ist die Autosuggestion. Die Vorteile, um mit der Autosuggestion Ihre Selbstdisziplin zu stärken, liegen auf der Hand: Sie können sich nicht nur für bestimmte Ziele rüsten, sondern auch von möglicherweise vorhandenen Altlasten befreien.

Altlasten? Ja, leider muss man festhalten, dass viele Menschen schon in Ihrer Kindheit mit der Autosuggestion in Berührung kommen – ungewollt und auf eine ungute Weise. Wenn zum Beispiel Eltern ihren Kindern immer wieder Vorwürfe machen und ihnen bestimmte Vorurteile einreden (»Du kannst jenes nicht, du kannst dieses nicht!«), dann manifestiert sich diese Aussage im Unterbewusstsein der Kinder und sie glauben wirklich daran, dass sie diese Dinge nicht können. Viele unserer vermeintlichen Schwächen werden auf diese Weise zementiert, obwohl wir eigentlich sehr wohl imstande wären, sie zu beheben.

Manchmal versuchen unsere Mitmenschen auch aus niederen Motiven, uns bestimmte Schwächen einzureden. Zum Beispiel Kollegen am Arbeitsplatz, die mit uns um eine Beförderung konkurrieren. Da wird eine entmutigende Aussage gerne nach Art eines Mantras wiederholt, um uns vom Vorwärtskommen abzuhalten. Oft sind sich die betreffenden Menschen gar nicht darüber im Klaren, dass sie sich der Autosuggestion bedienen. Die Autosuggestion wird häufig unbewusst eingesetzt – wie auch von unserem Apotheker Coué, der zuerst gar nicht wusste, was er mit seinen begleitenden Worten bei der Aushändigung der Medikamente anrichtete.

Wir wollen die Autosuggestion allerdings bewusst einsetzen. Das funktioniert in der Praxis wirklich so einfach, wie wir es anhand der vorherigen Beispiele erläutert haben: Im Prinzip geht es nur darum, dass Sie sich die entsprechenden Leitsätze wieder und wieder vorsagen. Das verlangt eine griffige, leicht zu merkende und eingängige Formulierung, kurz: eine Art Wahlkampf-Slogan. Als vor Jahren der US-amerikanische Präsident Barack Obama seine Kampagne startete, tat er das mit dem längst zum geflügelten Wort gewordenen Leitsatz: »Yes, We Can!« Die deutsche Bundeskanzlerin Angela Merkel fand dazu die passende deutsche Übersetzung: »Wir schaffen das!« Ob wir das nun wirklich konnten und schafften, das darf und soll natürlich jeder für sich selbst entscheiden. Aber das dahinterstehende Prinzip wird sicher deutlich und kann bei der gewünschten Autosuggestion eingesetzt werden.

Wenn Ihnen also wirklich nichts Konkretes einfallen sollte, dann genügt im Zweifelsfall schon das Einfache: »Ich kann das! Ich schaffe das!« Das ist allemal besser als das viel zu oft Gehörte: »Du kannst das nicht! Du schaffst das nicht!« Wir werfen die Flinte nie ins Korn – selbst dann nicht, wenn sie keine Kugeln mehr im Lauf hat. Schließlich kann man sie immer noch als Knüppel schwingen! Finden Sie Ihr persönliches Mantra und sagen Sie sich dieses immer wieder, bis Sie es ganz und gar verinnerlicht haben.

Die 4-7-11-Methode

Stress ist für die meisten Menschen ein steter Begleiter des Alltags. Der Stress kann sich bis zum Burn-out-Syndrom steigern und stellt dann eine ernst zu nehmende Gefahr für unsere Gesundheit dar. Es ist wichtig, den Stress erst gar nicht einen derart hohen Einfluss gewinnen zu lassen. Die Forschung kennt das Problem und die damit verbunden Risiken. Methoden zum Stressabbau sind deshalb sehr gefragt. Eine relativ neue Entwicklung ist die sogenannte 4-7-11-Methode.

Thomas Loew, Professor für Psychosomatik und Psychotherapie am Universitätsklinikum Regensburg, hat die Methode vorgestellt, die vielen Menschen dabei helfen soll, rechtzeitig und umfassend zu entspannen, bevor der Stress die Regentschaft antreten und übermächtig werden kann.

Die Anleitung für die 4-7-11-Methode steckt dabei bereits im Namen: *4 Sekunden* lang sollen Sie einatmen, *7 Sekunden* lang ausatmen und das Ganze mindestens *11 Minuten* lang wiederholen. Das klingt simpel? Ist es auch – in der Theorie. In der Praxis ist es für viele Menschen zu einfach, sodass die Anweisungen nur halbherzig umgesetzt werden und deshalb ihre Wirkung nicht vollständig entfalten können.

Die Atmung ist ein Mittel zur Einflussnahme

Die Atmung ist nicht nur lebenswichtig, sondern auch einzigartig. Sie ist die einzige Funktion unseres vegetativen Nervensystems, auf die wir wirklich bewusst Einfluss nehmen können. Und das, obwohl wir normalerweise unbewusst atmen: Im Wachzustand tun wir im Durchschnitt 12 bis 15 Atemzüge pro Minute. Wenn wir hingegen schlafen, reduziert sich unsere Atemfrequenz auf gerade einmal 6 Atemzüge pro Minute. Genau hier setzt die 4-7-11-Methode an.

Durch die konsequente und richtige Anwendung der 4-7-11-Methode gaukeln wir unserem Körper vor, dass wir schlafen. Sind wir damit erfolgreich, wechselt der Körper in den Ruhezustand und fährt die Funktionen herunter. Unser Blutdruck sinkt, die Muskulatur entkrampft. Wir tanken sozusagen im Wachzustand neue Kraft. Das funktioniert aber nur, wenn die Täuschung unseres Körpers gelingt – wenn wir also gleichmäßig langsamer atmen. Wenn wir die zeitlichen Vorgaben nur halbherzig umsetzen oder zu früh damit aufhören, fällt der Körper nicht auf unseren Versuch herein und stellt seinen Modus nicht um.

Es kann übrigens sehr gut sein, dass die 4-7-11-Methode nicht auf Anhieb die gewünschten Ergebnisse zeitigt. Das heißt aber nicht, dass sie nicht funktioniert! Die Methode ist das Ergebnis jahrelanger Forschungsarbeit, aber sie ist kein Knopf, den man einfach nur drücken muss. Sie muss eingeübt und konsequent durchgehalten werden. Die Wirkung ist nach Expertenmeinung garantiert – aber es kann durchaus sein, dass Sie vielleicht 15 Minuten benötigen und einige Tage zur Einübung investieren müssen. Die unterschiedliche Länge der Atemzüge ist gewollt: Das Ausatmen sollte immer länger sein als das Einatmen.

Es ist also sehr wichtig für den Erfolg der 4-7-11-Methode, dass Sie die Übungen konsequent und ohne Pausen durchführen. Das gilt auch für Atempausen – die sollten Sie bewusst vermeiden, wenn Sie sich entspannen möchten.

Atempausen sind Stress und keine Entspannung

Ein interessanter Hinweis zielt auf Übungen ab, die bewusst mit Atempausen arbeiten: Atempausen sind für den Körper besonders anstrengend und dienen eher dazu, den Stresspegel anzuheben als ihn abzusenken. Atemübungen, die bewusst mit Atempausen arbeiten, sollten daher eher vermieden werden – sie gelten unter Fachleuten als wenig überzeugend. Atempausen bringen den Organismus durcheinander und können gerade das Gegenteil des gewünschten Effekts erzielen.

Atempausen signalisieren dem Körper, der ja auf Atemluft zum Überleben angewiesen ist, dass etwas nicht stimmt. In der Folge löst unser Gehirn den Alarmzustand aus. Das ist natürlich kontraproduktiv, wenn wir entspannen möchten – aber es hat durchaus seinen Sinn, wenn wir uns besonders stark konzentrieren möchten und einen scharfen Fokus benötigen. Es hängt also von unserem jeweiligen Bedürfnis ab, ob Atempausen sinnvoll sind: Wollen wir uns entspannen, wozu die 4-7-11-Methode gedacht ist, dann sollten wir Atempausen vermeiden. Wollen wir uns hingegen konzentrieren, dann können wir uns auch für eine Atemübung mit bewussten Atempausen entscheiden.

Regelmäßige Pausen sind wichtig

Pausen an sich sind aber sehr wichtig und werden noch immer unterschätzt. Viel zu viele Menschen machen während ihrer Arbeit zu wenige Pausen und haben zu kurze Schlafzeiten. Das ist nicht nur anstrengend und unbequem, sondern stellt auch eine echte Gefahr für die Gesundheit dar. Hier ist auch noch einmal darauf hinzuweisen, dass Selbstdisziplin nicht dazu dienen solle, den Körper und die eigenen Kräfte über Gebühr zu strapazieren.

Machen Sie deshalb regelmäßige Pausen, die auch wirklich der Entspannung dienen. Die 4-7-11-Methode bietet Ihnen dazu eine hervorragende Anleitung, deren exakte Umsetzung sich lohnt. Sie können diese Art der Pause mehrmals täglich anwenden und werden feststellen, dass Sie sehr davon profitieren.

4.8. Die eigenen Ziele kennen

Wann immer Sie etwas erreichen möchten, sollten Sie unbedingt wissen, warum Sie es erreichen möchten. Nichts ist so motivierend wie ein lohnendes Ziel. Je stärker Ihnen bewusst ist, was Sie eigentlich anstreben, desto mehr Kraft und Energie haben Sie auch für das Erreichen dieses Ziels zur Verfügung. Ihres Zieles. Ihres ganz eigenen, persönlichen Zieles. Diese Attribute – eigen und persönlich – dürfen Sie auf keinen Fall leichtfertig überlesen. Das sind keine Spitzfindigkeiten – das ist eine Aussage von essenzieller Wichtigkeit.

Es gibt keine größere Motivation als ein Ziel, das Sie selbst gerne und unbedingt erreichen möchten. Ziele, die Ihnen von anderen, also von außen, gesteckt werden, entfalten bei Weitem nicht diese positive und kraftspendende Wirkung. Nehmen Sie einen Schüler, der morgens in der Schule eine Aufgabe vom Lehrer gestellt bekommt und nachmittags ein Videospiel spielt – oder sich auf dem Sportplatz mit anderen misst. Wo wird mehr Ehrgeiz im Spiel sein, wo mehr Leidenschaft? Sehr wahrscheinlich wird der Spieler an das Videospiel oder an die Lieblingssportart mit sehr viel mehr Einsatzbereitschaft herangehen – weil er hier etwas erreichen *möchte*, nicht *muss*.

Wenn ein Mensch verliebt ist, wird er für die Dame oder den Herrn seines Herzens eine Menge tun, um eben dieses Herz zu erobern. Kein Weg ist zu weit, kein Berg zu hoch – und mitunter scheint der ganze Aufwand nicht einmal eine sehr große Mühe zu sein. Vielmehr scheint eine kaum zu fassende Energie dafür zu sorgen, dass jede Herausforderung bewältigt werden kann. Diese Energie nennt man die Kraft der Liebe. Wir wissen alle, dass die Liebe eine immense Triebfeder sein kann. Es ist die Liebe zu einem besonderen Ziel, die uns im wahrsten Sinne des Wortes Flügel verleiht.

Um sich auf diese Weise beflügeln zu lassen, müssen Sie natürlich wissen, wem oder was Ihre Liebe gilt. Nehmen Sie sich die Zeit und machen Sie sich selbst klar, wofür Sie das eigentlich alles tun. Wenn ein Kind auf ein bestimmtes Ziel hin spart, dann hat es meist eine sehr klare Vorstellung und neben der Sparbüchse Bilder und Beschreibungen des ersehnten Gegenstandes. Während sich die Spardose ganz langsam, manchmal quälend langsam füllt, hält das Kind die Motivation aufrecht, indem es immer wieder das Bild seines Wunsches mustert und sich vorstellt, wie es sein wird, wenn es das lang ersehnte Ziel endlich erreicht hat.

In Sachen Selbstmotivation können wir da sehr viel von den Kindern lernen. Wir schlagen Ihnen nicht vor, dass Sie zum Tagträumer werden, der nicht mehr richtig vom Fleck kommt. Aber Sie sollten zu jeder Zeit wissen, was Ihr Ziel ist, was Sie erreichen möchten, damit Sie sich immer wieder neu darauf ausrichten können. Bauen Sie keine Luftschlösser und laufen Sie keinen Seifenblasen nach. Aber halten Sie den Traum, der Sie antreibt, am Leben. Machen Sie Ihr Ziel immer wieder greifbar, damit Sie es nicht aus den Augen verlieren. Motivieren Sie sich selbst!

Allerdings sollten Sie es dabei auch nicht übertreiben: Ziele sollten immer überschaubar und erreichbar bleiben. Ist Ihr Ziel zu hoch und weit angesetzt, dann erschlaffen Sie womöglich auf halbem Weg. Haben Sie sich zu viele kleine Ziele gesetzt, dann kann es sein, dass Sie den Überblick verlieren, dass Sie sich überfordert fühlen und sich ziellos im Kreis drehen. Setzen Sie Prioritäten und streichen Sie alle Ziele, die Sie nicht Ihrer eigentlichen Lebensvision näherbringen. Sie können im Leben nicht alles mitnehmen, und Selbstdisziplin hilft Ihnen nur beim Erreichen Ihrer Ziele, wenn Sie fokussiert bleiben und Ihre Ziele nicht zerfasern.

Jedes Ziel braucht Ihren absoluten Willen. Um diesen Willen zu unterfüttern, brauchen Sie Selbstdisziplin. Das eine geht nicht ohne das andere. Der Wille führt zur Selbstdisziplin und die Selbstdisziplin wiederum zum Willen. Mit Halbherzigkeiten kommen Sie nicht voran.

Selbstdisziplin ersetzt nicht den strategischen Plan

Selbstdisziplin ist kein Zaubertrank, mit dem Sie einfach loslegen können. Selbstdisziplin ist ein Werkzeug, das Sie gezielt einsetzen müssen. Dazu brauchen Sie einen Plan – und dieser Plan muss sich natürlich an Ihren Zielen ausrichten. Wenn Sie wissen, wo Sie hinmöchten, dann können Sie von diesem Ziel ausgehend Ihre Vorgehensweise entwickeln. Wenn Sie Arzt werden möchten, müssen Sie Medizin studieren. Wenn Sie Medizin studieren möchten, benötigen Sie ein gutes Abitur, das Ihnen dieses Studium erlaubt. Wenn Sie ein gutes Abitur benötigen, müssen Sie ein Gymnasium besuchen und dort entsprechende Zensuren schreiben.

Das ist nur ein Beispiel, aber es zeigt, wie Sie ganz leicht von einem Ziel ausgehend im Rückwärtsgang, also nach Art eines Krebses, Ihre verschiedenen Etappen entwickeln. Um diese einzelnen Etappen zu erreichen, kann Ihnen die Selbstdisziplin ein wertvoller Helfer sein. Gerade beim täglichen Lernen hilft Selbstdisziplin sehr. Selbstdisziplin ohne ein sinnvolles Ziel ist wie ein Treten auf der Stelle. Wenn Sie nicht möchten, dass alle Ihre Anstrengungen einfach ohne Sinn verpuffen, dann müssen Sie Ihr Tun und Streben auf ein Ziel ausrichten. Und ein wichtiger Baustein beim Erreichen eines jeden Zieles ist die Selbstdisziplin. Und damit wären wir wieder bei dem Gedanken angelangt, mit dem wir dieses Buch eröffnet haben: Die Selbstdisziplin ist ein Schlüssel. Die Selbstdisziplin ist *Ihr* Schlüssel. *Ihr* Schlüssel zum Erfolg.

5. Schlusswort

Wenn Sie bis hierher gelesen haben, dann haben Sie schon ein wenig Selbstdisziplin bewiesen – denn so viele Seiten muss man erst einmal schaffen. Vielleicht – oder besser: wahrscheinlich – haben Sie sich die Lektüre in mehrere kleinere Etappen unterteilt. Wenn das der Fall ist, dann haben Sie schon mit Erfolg eine der Techniken angewandt, die Ihnen dabei helfen können, mehr Selbstdisziplin zu gewinnen.

Es ist nämlich gar nicht so schwer, die Selbstdisziplin zu verbessern, wenn man es richtig anstellt. Und wie Sie es richtig anstellen – das sollten Sie nach der Lektüre dieses Buches jetzt eigentlich wissen. Wenn der eine oder andere Punkt noch nicht ganz klar ist, dann schadet es sicher nicht, das betreffende Kapitel noch einmal aufzuschlagen und die benötigten Informationen nachzulesen. Denn wenn nicht alles auf Anhieb klappt, dann ist das überhaupt kein Problem, sondern ganz normal.

Es gehört nämlich auch zur Selbstdisziplin, dass man sich von immer wieder auftauchenden Rückschlägen nicht entmutigen lässt, sondern weitermacht. Wie es beim Reiten eine Selbstverständlichkeit ist: Wer vom Pferd fällt, muss wieder aufsteigen. Wenn Sie das beherzigen und immer wieder tun, dann werden Sie sich auf lange Sicht gut im Sattel halten können – und Ihre Selbstdisziplin beachtlich steigern.

Damit haben Sie gleichzeitig den Grundstein gelegt für ein erfolgreiches Fortkommen und ein gelingendes Leben. Das wünschen wir

Ihnen und allen Ihren Bekannten und Freunden. Denn dieses Buch eignet sich auch ganz hervorragend als Geschenk für alle, die noch ein wenig mehr Selbstdisziplin gebrauchen könnten. Und wer könnte das nicht? Schließlich ist Selbstdisziplin der Schlüssel zum Erfolg – und Erfolg wollen wir alle.

6. Quellenverzeichnis

Wenn Sie nachlesen wollen, aus welchen Quellen wir unsere Weisheit geschöpft haben, dann können Sie sich gerne durch die folgenden Links arbeiten:

Allgemeine Quellen zur Selbstdisziplin

https://www.landsiedel-seminare.de/coaching-welt/wissen/coaching-themen/selbstdisziplin.html

https://einfachtaeglich.de/wie-du-deine-selbstdisziplin-staerken-und-trainieren-kannst/

https://www.selbstbewusstsein-staerken.net/disziplin-lernen/

https://www.lernen.net/artikel/selbstdisziplin-5-tipps-5-uebungen-fuer-mehr-willenskraft-3143/

https://utopia.de/ratgeber/selbstdisziplin-lernen-tipps-und-uebungen-fuer-mehr-selbstkontrolle/

https://zeitzuleben.de/disziplin/

Quellen zu Extraversion und Introversion

https://de.wikipedia.org/wiki/Introversion_und_Extraversion

https://www.barmer.de/gesundheit-verstehen/psychische-erkrankungen/extrovertiert-introvertiert-337768

Quellen zur Selbsttäuschung

https://karrierebibel.de/sich-selbst-beluegen/

https://generationen-gespräch.de/die-kunst-sich-selbst-gegenueber-ehrlich-zu-sein/

Quellen zu rationalem und emotionalem Handeln

https://karrierebibel.de/rational/

https://www.umsetzungsberatung.de/psychologie/verstand.php

https://www.30tausend.de/der-nicht-endende-kampf-rational-vs-emotional/

https://www.planet-wissen.de/gesellschaft/psychologie/emotionen_wegweiser_durchs_leben/pwierationaloderemotionalsindgefuehlehilfeoderlast100.html

Quellen zu Akzeptanz und Toleranz

https://www.muellerundpartner.de/kontakt/blog/artikel/akzeptanz-der-andersartigkeit-was-ist-toleranz-was-ist-akzeptanz

Quellen zum Glauben und Spiritualität

https://www.deutschlandfunkkultur.de/der-einfluss-des-glaubens-auf-die-psyche-hochreligioese.1278.de.html?dram:article_id=342047

https://www.welt.de/gesundheit/psychologie/article136101491/So-gut-ist-Glauben-fuer-unsere-Gesundheit.html

Quellen zum Ehrenamt

https://flexhero.de/warum-ehrenamt-gluecklich-macht-%E2%99%A5/

https://www.spektrum.de/magazin/ehrenamt-warum-freiwillige-arbeit-gluecklich-macht/1281570

Quellen zum Umfeld

https://www.pressebox.de/pressemitteilung/marc-m-galal-institut/Wie-das-Umfeld-den-eigenen-Erfolg-beeinflusst/boxid/867836

https://personal-brand-mastery.com/2016/11/03/zeigen-sie-mir-ihr-umfeld-und-ich-sage-ihnen-wer-sie-sind/

https://helenerhodin.de/bedeutung-deines-umfelds/

https://www.patrickventur.com/2018/03/30/das-5-personen-prinzip-welche-rolle-spielt-dein-umfeld-fuer-deinen-erfolg/

Quellen zur Gesundheit

https://www.rkw-kompetenzzentrum.de/publikationen/leitfaden/gesundheit-geht-uns-alle-an/das-wichtigste-kapital-unsere-gesundheit/

Quellen zu Hobbys und Interessen:

https://karrierebibel.de/hobbys/

https://www.medizinpopulaer.at/archiv/seele-sein/details/article/hobbys-gesund-durch-sammeln-singen-spielen-stricken.html

Quellen zur Kommunikation

https://loyalworks.de/blog/loyalblog/interne-kommunikation-schluessel-zum-erfolg

https://pr-journal.de/fragen-und-meinungen/rezensionen/19639-interne-kommunikation-als-schluessel-zum-erfolg-rezension-illuminate.html

https://roloffundschumacher.de/leistung/projektmanagement/

https://www.indicis-cmc.de/und-reden-ist-doch-gold-richtig-kommunizieren-der-schluessel-zum-erfolg/

https://blog.krones.com/kommunikation-der-schluessel-zum-erfolg/

https://blog.hubspot.de/sales/kommunikationsfaehigkeit

https://www.timetrackapp.com/blog/schluessel-zum-erfolg-kommunikation-im-team/

https://berufebilder.de/ideale-kommunikation-schluessel-erfolg/

https://blog.zhaw.ch/marketingmanagement/kommunikation-ist-der-schlues sel-zum-erfolg/

Quellen zum positiven Denken

https://www.aok.de/bw-gesundnah/psyche-und-seele/positiv-denken-so-gehts

https://tintyoga.com/de/magazine/positiv-denken/

https://www.yogaeasy.de/artikel/positive-mindset-positives-denken-und-yoga

https://shop.feenstaub.at/achtsamkeit-der-schluessel-zum-positiven-mindset/

https://www.momentsfor.me/positives-denken-einfach-besser-leichter-und-gluecklicher-leben/

Quellen zur inneren Uhr

https://www.br.de/nachrichten/wissen/zeitumstellung-so-tickt-die-innere-uhr,R6p0pqn

https://www.br.de/wissen/chronobiologie-gesundheit-folgen-innere-uhr-biorhythmus-schlaf-100.html

https://www.ndr.de/ratgeber/gesundheit/Zeitumstellung-So-tickt-die-innere-Uhr,zeitumstellung236.html

https://www.barmer.de/gesundheit-verstehen/stress/innere-uhr-270794

https://www.dw.com/de/zeitumstellung-so-funktioniert-unsere-innere-uhr/a-48065653

Quellen zur Pomodoro-Technik

https://de.wikipedia.org/wiki/Pomodoro-Technik

https://karrierebibel.de/pomodoro-technik/

https://www.impulse.de/management/selbstmanagement-erfolg/pomodoro-technik/7292581.html

Quellen zur GTD-Technik

https://de.wikipedia.org/wiki/Getting_Things_Done

https://www.ionos.de/startupguide/produktivitaet/getting-things-done-gtd/

Quellen zur Autosuggestion

https://de.wikipedia.org/wiki/Autosuggestion

https://karrierebibel.de/autosuggestion/

https://utopia.de/ratgeber/autosuggestion-so-wirkt-die-kraft-der-selbstbeeinflussung/

Quellen zur 4-7-11-Methode

https://www.focus.de/gesundheit/ratgeber/4-7-11-methode-psychologie-professor-erklaert-wie-sie-stress-ausknipsen_id_10554952.html

https://www.blog-specialis.at/2020/07/03/die-4-7-11-methode-wie-man-stress-ganz-einfach-loswird/

https://www.merkur.de/leben/gesundheit/richtig-atmen-atemtechnik-entspannen-blutdruck-senken-atmung-regel-zr-90009200.html

https://coachinglovers.com/coaching-tool/4-7-11-atemtechnik/

Liebe Leserin, lieber Leser,

hat Ihnen dieses Buch gefallen? Wir freuen uns über Ihre Verbesserungsvorschläge, Kritik und Fragen zum Buch.

Die Meinung und Zufriedenheit unserer Leserinnen und Leser ist uns sehr wichtig.

Kontaktieren Sie uns deshalb gerne und schreiben uns eine E-Mail an ***feedback@eulogiaverlag.de***

Wir freuen uns auf Ihre Nachricht.

Herzlichst

Ihr Eulogia Verlags Team

Printed in Poland
by Amazon Fulfillment
Poland Sp. z o.o., Wrocław

68819774R00069